Roland Klotz

Prima Philosophia

Mauer Verlag
Wilfried Kriese
72108 Rottenburg a/N
Buchgestaltung: Wilfried Kriese
Titelbild: Privat
2012
ISBN 978-3-86812-297-8

www.mauerverlag.de

Prima Philosophia
Einleitung
Roland Klotz 2o12

Die Prinzipien

Das Äquivalenzprinzip...gilt als Ausgleichsprinzip, mit der Sonderform des Vergeltungsprinzips.
Das Werte- Relativitätsprinzip mit dem Äquivalent des Werte- Absolutionsprinzips: Werte sind per se relativ, werden aber von Moralisten absolut gesetzt.
Das Alles-oder-Nichts-Prinzip oder auch Totalitätsprinzip verlangt Einordnung des gesamten Weltbildes in ein Weltanschauungsraster.
Das Analogon- oder Entsprechungsprinzip mit der Sonderform des Assoziationsprinzips: Es ist das Fazit aus dem binären Denken, wonach immer zu einer Position eine Antiposition besteht.
Das So-Soll-Satz-Prinzip: Moral hat die Logik des Wie-Verhältnisses von So-Sätzen zu Soll-Sätzen. Aus So wird Soll durch Brückenschlag über den Bruch.
Das Submoralprinzip: Es gibt jeweils eine Subschicht oder Tiefenstruktur zur ausdrücklichen Norm, oft Anti-Norm.
Das Autonomie-Prinzip oder Selbstwürde-Prinzip besagt das Streben einer Einheit nach Identität mit sich, mit dem einen. Selbstachtung als Moralgrundlage.
Das Kategorien-Äquivokationsprinzip: Das Wie des Entschlusses in der Tat-Hierarchie steuert den Vorrang des Entschlusses.
Das akausale Wechselwirkungsprinzip: Statt dem monokausalen Anstatt gibt es eine Wechselwirkung von Tendenzen.

Grundsätze

Das Anti- oder Negativ-Prinzip: Es wird das Gegenteil gefordert, was gefördert wird, durch Negativ-Abbild des Expliziten. Bis hin zu Kryptobefehlen in der Subschicht. Das Vergeltungsprinzip der Talion ist eine Sonderform des Äquivalenzprinzips. Das akausale Wechselwirkungsprinzip besagt die Umkehrung der Zeitfolge von Ursache und Wirkung mit Vorwegnahme der Tat oder Strafe. Das Autoritätsprinzip bewirkt Setzung von Autorität anstelle von Argumenten. Oft durch enklitische Ein-Wort-Phrasen. Das Prinzip des gesprochenen Wortes: Das So und das Nicht-So. Tatsache ist das So, Forderung das Nicht-So.

Der Wissens-Begriff des Guten oder einen bedingt negatives Denken: Der Wissensstatus über Fakten gilt als Legitimation zur Schikane, Bruch des Tabus. Denn die Schikane steht unter Totaltabu und wird qua Wissen in den Alles-oder-Nichts-Status erhoben.

Das KANT-Manifest

Nontelepathen werden als Psychotiker diffamiert und fehldiagnostiziert. Es herrscht ein Totaltabu über Praxis und Gesetz der Telepathie und Schikane. Nontelepathen werden mit Psychoschikane behandelt und konditioniert. Die Schikane, das ist die Kontrolle und Ächtung von Handeln, Fühlen, Denken durch den Totalinterruptor. Bei Telepathen durch direkttelepathischen Druck, genannt Trennung. Diese Methoden sind faschistoid und sadomasochistisch, gegen die Menschenrechte. Darum die Forderung:
Legalisierung der Telepathie und Ächtung der Schikane, definitiv und explizit. Legalisierung des Nontelepathen, nicht als Psychotiker. Finden einer für Menschen adäquaten Kommunikation, Bruch des Tabus.

Prima Philosophia
Kurzfassung und Zusammenfassung
Roland Klotz

Die Prinzipien als Axiome sind in allen Bereichen und Ebenen gültig: Auf der Sprachebene, der biologischen, der ontologischen, der moralischen, der politischen, der kulturellen usw. So gibt es ein Streben der Elemente zur Identität mit sich, zur Komplementierung mit ihrer Entsprechung:
Das Sein, in manchen Lehren unüberbrückbarer Widerspruch zum Werden, ist also Komplement zum Werden, das Werden ist das Sein. Das Statische ist dynamisch, das dynamische ist statisch. Das Nichts ergibt das All, das All ergibt nichts. Das Relative ergibt das Absolute, das Absolute ergibt das Relative.

Es gibt, gemessen an einem Standpunkt, einem Status, jeweils einen Gegenpol, ein Analogon, eine Entsprechung. So ist unser Denken primär bipolar. Aber auch unser Sein und unser Werden, unser Streben und Leben. Also: Werte sind polar, perspektivisch, basieren auf der Grenzziehung gegen einen Gegenpol im Entschluss für einen Standpunkt, der Initiative für einen Status, das eigene oder das eine. Daher sind Werte per se relativ, werden aber vom Standpunkt aus absolut gesetzt - formal falsch, aber in der Moral eine Grundbedingung, ein pragmatischer Initialfunke. So kommt es zu der blasphemischen Verabsolutierung von Werten wie Das Gute, Das Positive, Das Böse, Das Negative, wo ein Bezugsmassstab, eine Perspektive gesucht werden müsste. Die Verteufelung des Gegners als Böse, des eigenen als Gut ist also formal unhaltbar, aber in der Moral immer Grundbedingung zum Handeln, Fühlen, Denken.

Es gibt eine Vielschichtigkeit im Bewusstsein, in der Sprache, in der Moral: So gibt es eine Spitze, die Initialzündung, den Entschluss, das aktive Bewusstsein, daneben einen unbewussten Rest. Es gibt Superschichten, die semantisch oft antithetisch zur Subschicht stehen. Diese offenbaren sich sprachlich in Anspielungen der Enklitika, die einen Analogon- oder Nebensinn aufzeigen. Oft werden diese Subschichten auf telepathischer Ebene transportiert, die zeitgleich zur expliziten Oberschicht abläuft und sich in Analogon-Phrasen äussert. Analogon, Entsprechung ist das Mass. Unentsprechung ist Disharmonie. Fehlen des Komplements. Aus dieser Unentsprechung folgt der Fehler, die Lücke, die Dissonanz, wie in der Sprache und der Moral, so auch in der Telepathie, wo sich ausschliessende Strömungen Dissonanzen erzeugen, die sich in Schikanen äussert. Die Harmonie der Ganzheit von bewusster Überschicht und unbewusster Unterschicht wird oft unterbrochen von Lücken oder Fehlern wie im Zeitlichen, so auch im Ausserraumzeitlichen. So hat ein Konflikt in der Sprache, der Moral immer eine Entsprechung in der Tiefenstruktur, so auch in der telepathischen Subschicht. Diese Schichten ergeben ein komplementäres Ganzes, mehr oder weniger harmonisch. Dieses Ganze, ein Status, strebt nach Macht, Liebe, Wissen, nach Einheit mit sich oder seiner Entsprechung, strebt zur All-Einheit oder nach Null, erreicht sie aber nie. Es ist ein lebenslanger Kampf um den eigenen Status. Wie dieser Kampf sich entwickelt, ist entscheidend für die Bildung der Soll-Sätze. Das Verhältnis der So-Sätze bildet den Entschluss zum Soll-Satz. So folgern wir hier:
Alles ist Kampf und Spiel um Macht, Liebe, Wissen, Entsprechung für den eigenen Status, also soll das Wie dieses Kampfes das Soll sein.

Die Semantik des Prädikats Gut und die Vierfach-Semantik der Kopula Ist sind eine grundlegende Konstante der Moralsetzung. Wie also diese definiert werde, davon hängt die Form der Moral ab, die Moralgenese. Konkret: Welcher Ismus, für den man sich entscheidet, welche Gleichsetzung von Soll und Haben von So-Sätzen mit Soll-Sätzen.

Dass das Prädikat Gut als das Gute absolut gesetzt wird, ebenso der Modernismus Das Positive, obwohl Werte per se nur abhängig vom Bezugsrahmen sein können, also von der Perspektive der Interessen, der Weltanschauung, ist eine Binsenweisheit.

Dazu kommt, dass das Prädikat Gut äquivok benutzt wird - für alle möglichen Werte aus verschiedenen Bereichen und Ebenen, so für die Gradabstufung von Zufall-Lust-Zufriedenheit-Glück-Akzeptanz und für Qualitäten sämtlicher Bereiche, also etwa - Guter Mensch gleichgesetzt mit Gute Maschine, Gutes Essen: Moralität gleich Leistungsfähigkeit gleich Geschmack. Obwohl es zwischen diesen Stufen die grössten Gegensätze gibt. Eine grössere Differenzierung täte hier not: Aber gerade Moralisten beharren auf der untrennbaren Einheit von Werten wie Das Gute, Das Positive.

Dasselbe gilt für das Prädikat Wahr, verabsolutiert als die Wahrheit, die von allen religiösen, politischen, philosophischen, also Weltanschauungsgruppen für absolut gesetzt und für sich beansprucht wird. Dass diese Wahrheit oder die Wahrheiten aber per se nie absolut sein können, sondern als Erkenntniswert abhängig von Perspektive und Massstab sind, ist klar. Aber gerade in den Weltanschauungen wird geradezu gesetzmässig die Wahrheit absolut gesetzt. Hier täte Wahrheitsliebe not.

Dass die Ratio, von Bildungsphilistern gerne als das Höchste am Menschen beansprucht wird, in Wahrheit nur die Spitze des Eisbergs ist und der Mensch als ganzes von weit mehr Faktoren gebildet wird, ist ebenfalls klar. Rein rationales Handeln ist ebenso unmöglich wie rein intuitives oder rein emotionales. Hier täte eine grössere Bandbreite im Bild vom Menschen not. Der Mensch ist eben nicht nur rational, sondern auch intuitiv, emotional, unterbewusst und instinktiv, eben polydimensional. Das beste Handeln ergibt sich nicht durch Einseitigkeit, sondern durch ein ausgewogenes Zusammenspiel all dieser Faktoren.

So-Sätze und Soll-Sätze

Soll-Sätze werden aus So-Sätzen gewonnen, aber es besteht ein logischer Bruch vom So zum Soll. Dazu braucht es einen alogischen Brückenschlag, eine Vorwegnahme des Solls aus dem Wie-Verhältnis von So-Sätzen. Da die Moral objektiv relativ ist, per se nur gültig in Bezug auf den Wertmassstab, die Moralen aber prinzipiell immer ihr System absolut setzen, ist die Moral der Gutmenschen, die Monomoral grundsätzlich abzulehnen. Man setze eine bedingte Moral der eigenen Würde, in Kampf und Spiel um den Erhalt des eigenen Status des eigenen: Würde oder Selbstachtung als Moral-Prinzip. Streben nach Macht, Wissen, Liebe in Spiel und Kampf, das sei hier der oberste Grundsatz. Was inhaltlich verfochten wird, ist zweitrangig. Wie man es vertritt, ist entscheidend. Selbstwürde statt Erbsünde oder Leben gleich Leiden, das sei hier der Grundsatz. Und Würde oder Achtung im freien Entschluss für das eine oder Schöne. Zu sich kommen, von sich ausgehen. Das sei die Ästhetik der Moral.

Die Sozialmoral

Das Wir besteht aus dem Ich-Status, ins Wir übersetzt. Die Nation ist also ebenso ein Massstab für den Selbstwert, die Selbstwürde, die Selbstachtung. Ob es einen Staat oder eine Anarchie von Kernzellen gibt, ist sekundär: Es muss sowieso in jedem Fall immer ein System entstehen. Ein von Sprache, Moral, Sozietät, Staat, Rasse und Klasse. Da sich Ethnien vor allem in der Sprache realisieren, muss die Wahrung der Würde des Ethnos vor allem in der Wahrung der Sprache bestehen.

Die Polung von Statik und Dynamik gilt auch für die Gesellschaftsrübe, wo sich eine Elite aus der Wurzel formt. Diese Spitze ist immer in Rückkopplung mit der Basis, d.h., sollte es in idealer Weise sein, siehe Ableitung von So- zu Soll-Sätzen. Die Führung muss also in Rückkopplung mit der Basis bleiben, oben und unten müssen sich austauschen: Ob durch Personaltausch oder durch Wahlen oder durch Signale, ist zweitrangig. Wie dieses Sowieso des Systems gewahrt wird, daraus ergibt sich das Soll des Systems. Für welche Gesellschaftsform man sich entscheidet, ist sekundär. Immer entsteht ein harmonisches oder disharmonisches System der Gesamtheit, eine Einheit aus Einheiten. Zumal der Mensch offen ist und auf kein bestimmtes System festgelegt. Nur: Es muss eine Mischung der möglichen Formen herrschen, um eine einseitige Monokultur, extreme Statik oder extreme Dynamik zu vermeiden: Eine Rückkopplung zwischen den Ebenen und Stufen, den Schichten aus Rasse und Klasse.

Menschenrechte: Würde des Menschen: Da der Mensch eine Willensfreiheit postuliert, gehört diese zu seinem Status als Mensch zu seiner Würde. Die Freiheit heisst hier vor allem Entscheidungsfreiheit für oder gegen einen Status. Menschenwürde ist die artgerechte Lebensform, in Selbstachtung und freiem Entschluss für das eigene, gegen das Unentsprechende leben , in Selbstachtung und Fremdachtung.

Die Regierungsform: Grundsätzlich ist zu sagen, dass der Mensch ein offenes Wesen ist und nicht auf eine fixierte Form festgelegt. Jede noch so restriktive Diktatur und jede noch so laszive Anarchie führt jeweils zu einem System, das sich stabilisiert. Es muss nur eine Rückkopplung der Schichten oder Ebenen der Gesellschaftsrübe möglich bleiben, um einen Konformismus oder eine Anarchie zu vermeiden: Die Grundgegebenheiten die im extremsten Fall noch stabil wären, also im Fall der Diktatur oder der Anarchie, müssen die Konstanten des Staates darstellen und sollten es ergo auch. Wichtig ist eine Mischform der extremen monopolitischen Formen, um eine Totalfixierung auf eine Monoform zu verhindern. Die beste Form gibt es nicht absolut, nur für eine Interessengruppe. Und es gibt viele konkurrierende Interessen. Also: Die Gesellschaftsrübe ist ein polydimensionales Machwerk aus gesetzten und gewachsenen Tendenzen. Und sollte es demnach sein. Das Beste gibt es nicht. Das Ideal ist im Werden. Das Werden schafft das Ideal.

Die Lebensform in Wohnen, Essen, Partnerschaft steht zwischen polaren Zwängen: Kommune oder Monachie, Omnivorie oder Diät, Polygamie oder Monogamie. Grundlegend ist die Entscheidung zur Bindung an eine Lebensform, die dann für einen Standpunkt als die einzig richtige gilt. Grundsätzlich muss es ein nebeneinander von polaren Lebensformen geben, da ein Einheitsmodus zum Konformismus oder zum Chaos führt. Natürlich gibt es Argumente, die eher für als gegen eine Form sprechen. Aber mit Argumenten lässt sich immer das Gegenteil begründen. Am Beispiel der Ehe: Grundsätzlich ist der Mensch offen in seiner Polung und kann in Polygamie wie in Monogamie leben. Tatsache ist aber, dass die meisten konventionell die Monogamie bevorzugen. In der Biogenese des Menschen sollte das die Promiskuität stoppen. Jedenfalls wird der Lebensabschnittspartner trotz Auflösung der Kernfamilie von allen geachtet. Grundsätzlich sollte aber rechtlich auch das Gegenteil möglich bleiben. Mehrere Partner zugleich, aus freiem Entschluss.

Das Wohnen in Kommunen oder WGs scheint anstelle der Lebensform in genetischen Verbänden also der Grossfamilie getreten zu sein. Aber eine einseitige Fixierung auf eine bestimmte Form führt zu Unentsprechung, zum Anti-Extrem. Wichtig vom Standpunkt der Selbstachtung und Fremdachtung soll sein, dass beide Pole jederzeit möglich bleiben, je nach Entschluss. So gibt es Argumente für oder wider Vegetarismus oder Carnivorismus. Aber de facto entscheidet ein Zwang, ein Streben, die Erlösung im Fleisch ohne das Fleisch zu erreichen. So gilt es als barbarisch, Tiere zu essen, als ungesund oder erlösungswidrig. Gleichzeitig war und ist es auf dem Planeten Usus, Fleisch zu essen. Fazit: Die Argumente für und wider kommen nur auf, um den Zwang zu legitimieren. Der freie Mensch sollte aus eigenem Entschluss so oder so leben. Eine Regel mit Ge- und Verboten macht die Zufälle und Notwendigkeiten der stofflichen Welt beherrschbar, ist also emanzipatorisch. So auch die Reinheitslehren des ideologischen Rassismus oder die Achtsamkeit und Lehre der Leere in Ideologien aller Art: Eine Tendenz zur Purifikation im Dogma soll die Purifikation der Seele oder des Bewusstseins erlebbar, erreichbar machen.

Das Wohnen in Kernzellen von 12-300 Individuen scheint das einzig natürliche zu sein. Andernfalls gibt es aber auch die Tendenz zur Monachie. De facto aber lässt sich eine Kommunisierung der Städte bei der derzeitigen Fluktuation und Akkumulierung kaum machen. Der Mensch ist also vor die Herausforderung gestellt, in Formen zu leben die lebenswert sind oder nicht. Die Evolution der Lebensform ist offenbar noch nicht abgeschlossen. Daher, vom So zum Soll, sollte vieles möglich bleiben oder werden. So haben Sozio-Experimente gezeigt, dass die Monomoral wie auch Laszivität leicht zu Sinnverlust, Antidendenz führen. Aber es bilden sich immer neue Festformen. Aus Motivation wird Konvention, aus Anarchismus wieder Konvention.

Eine politische Sonderform der Monomoral ist die sog. political correctness: Die Fixierung auf eine zeitgemässe Fassung von Moral, Politik und Weltanschauung, die als einzig richtige, für alle und alle Zeiten und weltweit absolut allein gelten soll. Dies ist eine Naivität ohnegleichen. Immer und überall in Geschichte und Politik haben Machtpolitiker und Mächte unter Expansionszwang gestanden, unter Zugzwang. Diese Politik hatte den Überbau einer polaren Moral, die die eigene Position als Das Gute oder Positive, die der Gegenseite als Das Böse oder Negative setzt. Das ist abzulehnen. Es soll gelten, dass der Gegner oder Feind seine eigene, gleichberechtigte Position hat und als korrekt setzt: Faires Spiel und fairer Kampf zwischen Gleichen, die sich achten. Selbstachtung wird Fremdachtung.

Die Monomoral des Gutmenschentums. Der moderne Mensch der modernen Zeit, der Gutmensch, das Positive: Das ist der Mensch der Monomoral, der monokausale Massenmoden produziert. Im Prinzip niveaulos. Und im speziellen eine Fixierung auf die Illusion von der Absolutheit einer fixen Moral oder Welt. Das alles ist abzulehnen. Zu bejahen ist das Spiel der Kräfte von Moralen und Weltsicht, der Kampf um Status der eigenen Würde mit Selbstachtung als Grundlage statt ewiger Schuld oder ewigem Leben.

Monomoral bis hin zur Anglomanie, einer pubertären Fixierung auf den grossen Bruder in Sprache und Kultur. Der Grosse hat Patriotismus und Erotik für sich gepachtet. Aus der Fixierung auf den NS-Staat wurde die auf den US-Staat. US-GIs gelten als Helden, Kämpfer gegen den Faschismus, die Wehrmacht als Kriegsverbrecher: So einfach kann Moral in der Politik sein. So einfach kann es sein, positiv und modern zu denken.

Offenbarung:
Die Erlösung ist das Prinzip der Heilslehren, mit dem Rezept: Durch Erkenntnis zur Erlösung. Einsicht in der Off.II, Schuld in der Off.I. Die Ur-Erkenntnis gilt aber in allen Offenbarungen als Ur-Sünde, so in Off.II als Gleichsetzung von Essen mit Erkenntnis, Gegensatz zur Leere, die Bedingung zur Erlösung ist. Und in Off.I ist es die Totalschuld, die nur durch neue Schuld aufgekauft wird, unter der Mimikry des Altruismus. Das alles bedeutet eine Ambivalenz der Methode: Erkenntnis gleich Verdammnis und Einsicht oder Schuld als Erkenntnis der Urerkenntnis und Mittel zur Enderkenntnis. Erkenntnis aber ist gleichgesetzt mit Todsünde: Ein Circulus vitiosus der Erlösung. Das ist der Fehler. Das Leid-Bewusstsein der Off.II oder das Schuld-Bewusstsein der Off.I. Der einzige Ausweg ist die radikale Ablehnung dieser Falle. Fazit: Erlöst euch selber, wendet euch ab von der Falle der Offenbarung!

Das Dilemma der Hermeneutik theologischer Modelle ist einmal die Positiv-Setzung von mythischer Sprache als historisch-kritische, womit Mythos mit Logos gleichgesetzt werden, die Ebenen-verflachte Mythensprache auf den Geltungsanspruch der historischen. Daraus resultiert der unlösbare Zwist zwischen Wissenschaft und Theologie, wo in der Tiefenstruktur nur ein theologisches Modell für Fakten steht. Es sind nur analoge Modi. Die Wissenschaft wie die Theologie benutzt ja Modelle oder Mythen.

Zum anderen ist das Dilemma die pädagogische Lernfeindlichkeit und Negativität der Theologie: Mit dem Mythos der Schöpfung und Ursünde, vom Gesetz wird platt ein Fakt oder Gesetz gesetzt, wo de facto eine Pädagogik einen Bewusstwerdungsprozess auslösen sollte. Aber die Absolutsetzung des Gesetzes als Fakt verhindert dies. So bleibt der Gläubige ohne Erkenntnis in einer Beziehungsfalle.

Die Entscheidung für oder wider Willensfreiheit, Theismus oder Atheismus ist zweitrangig. Entscheidend sind die Konsequenzen. Oft ist der Denker fixiert auf die Entscheidung und setzt ad hoc die Prämissen. Sodass bei egal welcher Prämisse die selbe Konsequenz folgt. Es läuft auf das selbe hinaus, egal welcher Pol der Antinomie als Prämisse dient.

Das Problem der Willensfreiheit und des Determinismus besagt, Ausschluss von Kausalität und Willen. Der Wille wird akausal postuliert. De facto aber hängt auch der freieste Wille von Faktoren als Determinanten ab. Hier der Einspruch: Wieso der Widerspruch? Ebenso kann der Wille von Fakten bestimmt sein und subjektiv frei. Freiheit ist also als Grösse oder Kompetenz akausal zu fassen. Ein Quantum freier Wille ausserhalb der Kausalität unter der Kausalität. Die subjektive Freiheit zur Entscheidung, zum Initialfunken.

Willensfreiheit und Kausalität brauchen sich also nicht auszuschliessen. Vielmehr ist Freiheit ein weiterer Faktor unter Fakten. Nicht das klassische entweder-oder oder das naive ganz-oder-gar nicht, sondern ein weder-noch oder ein Sowieso sollte der Wille sein. Ob Willensfreiheit postuliert wird, ist zweitrangig. Es läuft auf das selbe hinaus: Die Selbstachtung vor dem Entschluss zum Kampf für das eine.

Die Willensfreiheit hätte zur Folge: Schuldfähigkeit vor Gericht. Die Unschuld aber: Unmündigkeit. Das ist das Dilemma des Psychotikers und des Menschen vor der Schlange der Schuld. Zugleich stellt die Unmündigkeit eine Art Quasi-Schuld dar: Das Dilemma ist perfekt. Der Ausweg ist nur die Ablehnung des Dilemmas und eine Auffassung des Sowieso und des Weder-Noch ausserhalb der Fakten.

Zeit-Symptome, wie Burnout, Borderline, Allergien, Dyskalkulie...sind oft nur Phänomene, die der Zeitgeist aufbaut, um mit Problemen zu kokettieren. Künstliche Krankheiten, die keine sind als Stimulans. ZB. gab und gibt es Begabte, Mittelmässige und Unbegabte schon immer. Das Problem ist vielmehr, eine klinische Krankheit zu diagnostizieren. Das Burnout-Syndrom oder die Borderline-Fälle: Eine Diagnose für all die, die nicht wissen, wer oder was sie sind. Sie kokettieren mit der Psychose, um durch Diagnose salonfähig zu werden.

In den 8oer Jahren stellte ein Psychologe die These auf, dass Nazis unfähig zur Trauer seien. Die Unfähigkeit zu trauern. Die Folge war eine regelrechte Trauermanie, in der Intellektuelle ihre Potenz in Trauerarbeit unter Beweis stellten. Erstens ist Trauern nicht die einzige Kompetenz des ganzen Menschen, es gibt ja auch den Humor oder die Phantasie. Zweitens ist die Dehumanisierung der Nazis typisch für die Methode des modernen Teufelsersatzes, für die beschränkte Brille des Psychologen, der ein äquivalentesMachtmonopol wie die Kirche im Mittelalter missbraucht: Wir haben das Patentrezept.

Dass pädagogische Massnahmen nicht nur durch Trotz das Gegenteil bewirken, sondern geradezu ursächlich das Laster verursachen, sehen Pädagogen nicht ein. ZB. die Behandlung von Nontelepathen durch Schikane: Sie bewirkt nur Blockierung und Konfusion und eine Panikreaktion, erzieht zum emotionalen Krüppel, statt Purifikation zu erreichen. Da jede Reaktion tabu ist, bleibt die Katharsis aus. Eine Beziehungsfalle nach Watzlawick, ein Circulus vitiosus, diese Pädagogik. Je bessere Massnahmen, desto mehr Laster, desto bessere Massnahmen.

Die moderne Psychologie ist eine Anti-Psychologie, wie die Lehre der Zeugen Jehovas eine Anti-Religion ist: Religion ohne Metaphysik. Eine Psychologie ohne Psychologie, da die wichtigsten Probleme kurzerhand aus dem Raster der Wirklichkeit ausgeklammert werden, definitiv in der Definition nicht existent sind.

So oder Nicht-So: Das ist eine Art Gedankenpolizei. Alles nicht-so nehmen. Nichts auf sich beziehen. Sich keine Gedanken machen. Alles verdrängen. Alles in Achtsamkeit. Das Nicht-So: Eine Art perfekte Mimikry der Auffassung. Und das wird zur Moral gemacht.

Da in dieser Welt und in der Religion alles Nicht-So geordnet ist, wie kann da die platte So-Befolgung von Vorschriften die Erlösung bringen, wie können diese Heilslehren SO wahr sein?

So oder Nicht-So: Die Korrektheit fordert: Man soll es nicht auf sich beziehen, verdrängen. Aber man soll alles in Achtsamkeit auffassen. Nimmt man es aber Nicht-so, ist es eine Anspielung und diese sind immer im Focus. Nimmt man es aber nur so, ist es direkt. Ein Perpetuum mobile.

Immer mehr Strukturierung im Privaten, Öffentlichen und Offiziellen: Getragen durch die Sicherheitsmanie, hyperkorrekten Perfektionismus, Digitalisierung, den Anti-Rassismus der political correctness, die Rückkehr zur Monomoral des AT im sog. Kommunitarismus. Das alles führt in eine pragmatische Sackgasse. Bei so viel Perfektionismus führt der kleinste Fehler zur Katastrophe. Fehler sind aber in der Evolution unumgänglich. Die Lösung bietet die Fuzzy-Logik mit weniger Korrektheit, weniger Monomoral und Monologik, wie die Chaosforschung belegt. Sie führt zu neuen Ordnungssystemen, wie selbstverwalteten Regiostrukturen oder der Selbstachtung als Moralprinzip.

Meditieren sei für Europäer einerseits, für Christen zum zweiten ungeeignet: Predigten Steiner und Dogmatiker. Warum? Weil der westliche Mensch anders geartet sei und weil der Christ sich nicht selbst erlösen dürfe. Das ist widerlegt: Denn der Europäer ist genotypisch ebenso geeignet wie der Asiate und zum zweiten ist der Heilsbeistand durch Gott de facto nichts anderes als eben die Selbsterlösung durch Meditation.

Bis hin zu der Maxime, Meditieren ohne Ägide eines Gurus führe zu Psychosen... Dass Meditieren MIT Guru psychotisch macht, das können sie natürlich nicht wahrhaben.

Die Theorie, dass Gedanken zu Worten zu Taten führen, ist widerlegt: Oft werden Gedanken nicht ausgelebt, müssen es nicht. Alles ausleben ist auch nicht Ziel der Hedone.

Dass verfehmte Weltanschauungen, als Ketzerei stigmatisiert, zu Persönlichkeitsstörungen führen – ja, aber warum wohl? Weil das Tabu des Auslebens dazu führt. An die Macht gekommen ist der Ketzer voll integer.

In der PC-Terminologie gibt es prinzipiell und generell eine Kategorien-Äquivokation von abstrakten und konkreten Termini. Es ist das ein Pidgin, von hybridem Englisch-Deutsch, von Umgangssprache mit hyperfunktionalen Termini. Oft meint man nicht einen Ort im Raumzeit-Kontinuum, sondern einen Modus. Eine Unzahl von Optionen bei jedem Operationsschritt, das ist hyperfunktional, unpragmatisch.

Ideologien können immer und überall ideologiekritisch hinterfragt werden. So zB. der Nationalismus als das Ausleben des Kaschierens von Triebwünschen, Inzestwünschen, bis zur Reinheitslehre der Rasse. Oder anders: Die Maxime der Reinheit ist Ausdruck der Tendenz zur Reinheit, also Befreiung des Bewusstseins von der stofflichen Welt. Die Rassismus-Ideologie erfüllt diesen Wunsch ersatzweise als Tendenz, als Ersatzfunktion.

So hat die Reinheitsmaxime des Christentums einen Anteil an der Entstehung des Antisemitismus. So die Marxismen im Ausleben von pubertärem Trotz und Fixierungen. Aber, Gegenthese: Irgendein Relikt der Genese des Bewusstseins, der Psychogenese hinterlässt immer Spuren im Ich und in Ideologien. Es wäre schade um die Elemente der Selbstachtung und Emanzipation. Zum Schluss bleibt die Maxime der Sanyasins Oshos: Gelassen und konzentriert im Hier und Jetzt.

Das Problem der Schikane an Nontelepathen durch Telepathie ist ein Problem, das von der modernen Medizin 15o%ig unter Tabu gestellt wird, für nichtexistent erklärt wird. Darum wird es auch nie zu einer Lösung kommen.

1. Die Kondizionierung auf akustische Schikane. Vor dieser Phase wurde konventionell, etwa durch Schimpfen schikaniert. Da Telepathen immun dagegen sind, werden diese direkttelepathisch schikaniert: Normale klagen über den Blick.

2. Kein Arzt wird je diese Kondizionierung auf Schikane behandeln: - Weil es gar nicht zur Zielsetzung der Medizin gehört, das Trauma zu überwinden. Die Gurus brauchen ein lebenslanges Druckmittel. Es soll eine Totalblockierung entstehen.
- Weil es das Problem in der Weltanschauung der Ärzte offiziell nicht gibt. Das Thematisieren von Schikane oder nur von Telepathie wird für ein Psychose-Symptom erklärt.

3. Das Totaltabu um Telepathie und Schikane: Die Ärzte spenden die pseudohumane Trostmoral, dass Laster oder Übel gut seien, wenn sie nicht zu Blockierungen führen. Aber gerade das, Blockierung, ist beabsichtigt. Zumal jeder Widerstand dagegen verboten, tabuisiert, skandalisiert wird und der Mutige, der Held, der Widerstandskämpfer sofort als Kriegsverbrecher, als Nazi-Jud abgetan wird, als Kranker, also quasi-schuldiger Ketzer unter Totalschuld gestellt wird. Eine Katharsis ist nicht möglich, sodass die Schikane nicht heilsam wirken kann, wie sie glauben, sondern in der Folge Krankheiten, Psychosen wie somatische Störungen verursacht.

4. Die offizielle Diagnose des Stimmenhörens als definitives Symptom für Schizophrenie: - Kann nicht wahr sein, da es in der modernen Psychiatrie keine systematische Analyse des Stimmenhörens gibt. Gleichsetzung mit Telepathie.

Es handelt sich also um ein akustisches Simulieren von Telepathie, kein pathologisches Hören.
- Die Telepathen, Ärzte, Juristen, Lehrer müssen ständig Verdrängungsarbeit leisten, um nicht selber als Stimmenhörer diagnostiziert zu werden, da sie Telepathie nicht von Stimmenhören trennen und Telepathie für non-existent erklären.
- Das Phänomen der Telepathie wird 150%ig aus der Theorie der Medizin ausgeklammert: Es gibt keine fundierte Theorie dieser Phänomene. Sie stehen unter Totaltabu. Folge ist, dass dem Missbrauch Tür und Tor geöffnet ist: Durch schwarze Magie, perfekt getarnt durch Mimikry der Terminologie.

Die Existenzfragen, die sich dem Nontelepathen stellen, der sich vor die Schikane durch Telepathie gestellt sieht, sind: 1. Warum steht Telepathie unter Totaltabu? 2. Warum gibt es, warum wirkt die Schikane? 3. Warum ist man selber Nontelepath?
Analytische Erklärungen sind durchaus möglich. Wenn auch nach moderner Weltanschauung für dilettantisch erklärt und nach Gewohnheitsrecht nur Nicht-So fassbar. So erklärt sich die Notwendigkeit der Schikane aus energetischen Dissonanzen der Telepathie-Praxis: Affekte, Gedanken, Erkenntnis allgemein, also Strömungen oder Energie im weitesten Sinne, lösen im Telepathen eine Dissonanz aus, die sich somatisch offenbar in der Kehle oder im Nervenstrang sammelt und in einer Aspiration der Stimmritze entlädt. Reziprok wirkt diese Entladung als Hass-Angst-Auslöser oder Total-Unterbrecher auf den Hörer, sodass eine Blockierung der Kommunikation entsteht. Allerdings werden Telepathen dagegen immun und werden direkttelepathisch durch telepathischen Druck schikaniert: Umgangssprachlich der böse Blick.

Das Totaltabu erklärt sich approximativ aus der klassischen Trennung von Wissen und Glauben, ausserdem aus der Trennung von Ich und Selbst. Demnach spielt sich die Telepathie nicht auf der Ebene des Ichs ab, sondern auf der eines umfassenden Selbstes. Sie gilt nicht als Wissen, sondern als Glaubensphänomen, das nicht wissbar, nicht beweisbar ist. Folge ist, dass das Ich des Telepathen die Telepathie für sich ableugnet und als Nicht-Wissen bezeichnet. Die Schikane wirkt offenbar, durch semantische Kopplung auf primitive Weise. Wo immer und überall dasselbe unter selben Bedingungen wiederholt wird, wirkt es sich, wie die Lehre ohne Worte, als semantische Besetzung aus: Schikane hat demnach die Bedeutung von Hass und Angst und wirkt demnach als Blockierung auf den Hörer oder Angeblickten.

Weitergehende Fragen wären:

4. Warum werden Telepathen pathologisiert?

5. Wie kommt es, dass ausgerechnet das banalste, alltäglichste parapsychologische Phänomen derart, selbst von Esoterikern unter Tabu gestellt wird?

Diese Fragen muss sich jeder Laie selbst beantworten. Und jeder Parapsychologe ebenfalls. Da es eine explizite Analyse nicht gibt. Die Ärzte wissen es, der Alltagsmensch weiss es, die Akademiker wissen es, alle nutzen die Telepathie und üben die Schikane: Die Ärzte, die Beamten, die Juristen, die Polizei, Lehrer, Eltern, Theologen. Es ist eine implizite Praxis, an die sie von klein auf als Telepathen kondizioniert sind, die als Lehre ohne Worte tradiert wird und die reziprok funktioniert, qua semantische Wechselwirkung: Zeichenbesetzung, offenbar ein Grundsatz der Semiotik.

Abschluss-Appell

Diese ärztlichen, juristischen, polizeilichen und theologischen, sowie gewohnheitsrechtlich-umgangssprachlichen Methoden gegen Nontelepathen sind faschistoid und sadomasochistisch. Sie gelten aber definitiv als gewaltfrei: Die Schikane hat immer und überall das Recht auf ihrer Seite. Dagegen gilt der Widerstand, ja schon das Thematisieren des Problems als Gewalt, als kriminell, als pathologisch. Der Kreis anonymer Nontelepathen, KANT, stellt darum die Forderung auf: Enttabuisierung der Telepathie als Phänomen des normalen Menschen: In Praxis und Theorie, explizi und definitiv, in Alltag und Wissenschaft. Ferner Skandalisierung der Schikanemethode als unfair und faschistoid, thematisieren des gesamten Problemkreises um Telepathie und Schikane. Finden eines Sprachmodus zur expliziten Beschreibung telepathischer Phänomene: In der Umgangssprache Absage an den Usus der Nicht-So-Mimikry-Phrasen, in der Wissenschaft Finden eines nichtlinearen, polydimensionalen Modus, der eine wissenschaftliche Analyse möglich macht.

Inventar der Ethik-Modelle

Der folgende Abriss umfasst 36 Grundelemente für die Kategorien: 1. Form der Ideologie 2. Deon-Ethik 3. Telos-Ethik 4. Gesellschaftsform 5. Staatsform 6. Regierungsform 7. Religion 8. Metaphysik. Diese Grundeinheiten können in beliebiger Weise zu 36 X 36 Kombinationen von möglichen Weltanschauungen kombiniert werden - ausser inhaltlich ausgeschlossene Varianten oder formal ausgeschlossene Modelle. Aber auch unzeitgemässe oder scheinbar absurde Kombinationen sind möglich, so zB. Materialismus mit Reinkarnation. Nur die historisch gewachsenen Konventionen verbieten manche Kopplung von Elementen, aber möglich ist fast alles, zB. Christentum mit Kapitalismus oder mit Sozialismus. Dieser Überblick soll die Möglichkeit zu sämtlichen denkbaren Innovationen auf dem Gebiet der Dogmen und der Ethik geben. Wenn auch die Elemente selber gar keine Innovation enthalten. Weitere Innovationen sind in diesem Raster formal erfassbar, zB. Satanismus als monistischer Quasi-Eingott-Glaube mit negativem Vorzeichen. Ein inhaltlicher Überblick über alle denkbaren Varianten soll hier jedoch nicht gegeben werden. Dies soll ein rein formales Raster für alle Eventualitäten sein.

Ethik-Modelle

Rein formal lassen sich folgende Ethik-Modelle herauskristallisieren: - Monistische Ethik - Dualistische - Pluralistische - Chaotistische. Im einzelnen umfassen diese Modelle formal unterschiedene Ethik-Axiome, die sich weiter inhaltlich differenzieren lassen: Monistisch: Der Initialfunke, das eine, der Wille, das Ich als Axiom. Dualistisch: Gut und Böse oder Plus und Minus als Ethik-Axiom. Pluralistisch: Der moralische Relativismus oder aber religiös kombiniert, die Götter und ihre Gesetze als Axiom. Chaotistisch: Nihilismus oder der Pure Wille als Axiom. Bis hin zum Dogma des Chaos als Axiom der Ethik: Aus Chaos wird und werde Ordnung. Jeder sei sein Guru oder Papst.

Die weitere Differenzierung der Modelle geschieht nach der formalen Trennung in Formalismus und Materialismus, also jeweils Ethik mit der reinen Form der Norm als ethischem Grundsatz und solche mit inhaltlichen Maximen als Grundlage: - Deontologische positive Ethik ohne Metaphysik - Deontologische naturalistische Ethik - Deontologische religiöse Ethik - Deontologische mit Metaphysik.

Deontologisch bedeutet nichts als die Anwendung des Formalismus auf die Moral. Diese wird differenziert in positive und Natur-Ethik, also je nach dem, ob ein gesetztes Gesetz oder ein gewachsenes gelten soll. Ausserdem fallen noch in diese Kategorie die deontologische Ethik religiöser Motivation und die der reinen Metaphysik: Hierunter fallen die numinösen Entitäten, sowie für areligiöse M.: Biologische oder physikalische Entitäten wie die Naturgesetze oder das Genom.

Die Tugend-Maxime als ethisches Axiom ist ein Grundsatz, der sich in fast jedem System fassen lässt: Tu gutes, sei fleissig! Je nach Kombination ob guter Gläubiger, guter Atheist als Maxime gilt. Bis hin zum guten Immoralisten oder guten Chaoten.

Drittens gibt es noch die Variante der teleologischen Ethik, was konkret nur heisst, dass der Inhalt der Moral vor der Form das Ziel bestimmt: - Teleologische naturrechtliche Ethik - Teleologische positive Ethik - Teleologische religiöse Ethik - Teleologische areligiöse Ethik mit Metaphysik.

Erklärung wie gehabt unter deontologisch. Mit dem Unterschied, dass es hier nicht die Form des Gesetzes, also pure Autorität, sondern der Inhalt, zB. das Glück ist, oder je nachdem, was als Ethik-Axiom dient.

Kommen wir nun zu dem weltanschaulichen Überbau der Moralsysteme: An erster Stelle: Gesellschaftssysteme. Darunter fallen grundsätzlich: - Anarchie - Kommunisierung - Gentilsippe - Mönchtum oder Monachie.

Zur Anarchie: Sie bedeutet nicht Chaos, sondern nur regionale Selbstverwaltung, autonomer Einheiten: Höfe, Betriebe, Blocks und Gemeinden. Unter Kommunisierung ist vor allem die historische Umwandlung der zentralistischen Verwaltung zu denken: In Kommunen. Unterteilt nach inhaltlichen Kriterien gibt es: - Matriclan-Kommune - Gentilclan-Kommune - Clan-Kommune. Weitere Möglichkeiten wären jeweils: - Mit Geldwirtschaft - Ohne Geld - Mit Monogamie - Mit Polygamie.

Fazit: Kommunisierung lässt sich hier gleichsetzen mit Clanverfassung mit oder ohne Wahlverwandtschaften.

Staatsmodelle: Für die weiteren höheren Organisationsstufen bieten sich folgende Staatsmodelle an:
- Staatssozialismus - Kapitalistischer Pluralismus
- Konstitutionelle Monarchie - Absolute Monarchie
- Tyrannis.

Unter Staatssozialismus fallen alle historisch bekannten aber auch utopischen Modelle des Sozialismus höherer Organisation. Diese sind kombiniert mit ökonomischem Überbau, dh. ökonomistische Weltanschauung, Metaphysik, Gesellschaft und Ethik. Der kapitalistische Pluralismus fällt ebenfalls unter die Kategorie ökonomistischer Lehren und Modelle.

Die konstitutionelle Monarchie wurde historisch vorexerziert. Sie ist rein formal einzustufen wie die pluralistische Demokratie, nämlich durch Dreiheit von Instanzen. Zum Schluss die absolute Monarchie mit der Sonderform: Nicht erbliche Diktatur, durch das Attribut erblich-negativ. Darunter fällt auch eine weitere, religiös attribuierte Variante, das Gottkaisertum mit positivem Popanz. Oder aber mit quasi göttlichem Numen: Exekutive ist eine spirituelle Entität. Oder aber mit Nullstelle als Exekutive: Herrschaft ohne definitive Instanz. Letzte Variante wäre die nonbiologische, digitale Intelligenz als Regierung.

Rein formal lassen sich Staaten weiterhin in vier Kategorien trennen: - Parlamentarismus - Ochlokratie - Plutokratie - Oligarchie oder Aristokratie, je nach Attribut plus oder minus erblich.

Dazu: Unter Parlamentarismus fällt die institutionalisierte Demokratie, also historische Derivation der echten Direktdemokratie. Unter Ochlokratie fällt demnach die Institutionalisierung durch die Massen und Massenmedien als Machthebel. Aber auch die Fassung der Exekutive durch anonymes System fällt darunter. Unter plutokratie fällt Finanzherrschaft als System, aber auch Herrschaft der Kartelle bis zu Megakartellen. Unter Oligarchie oder -plus-erblich- Aristokratie fällt eine Elitenherrschaft. Selbstverständlich wäre demnach der reale Sozialismus unter Oligarchie -minus-erblich- zu fassen, mit dem Überbau der Direktdemokratie.

Religiöse und metaphysische Modelle sind wie folgt zu fassen: - Der Eingottglaube - Polytheismus mit Polyethiszismus - Schamanismus oder Dynamismus - Religiöser Atheismus wie im Dharma.

Der Eingottglaube wird representiert durch die klassichen Vertreter der Offenbarung I: Christentum, Islam Judaismus. Aber auch durch die unbestimmte Offenbarung des Etre Supreme oder durch den abstrakten Gott der Philosophen sowie durch den Gott der Mystiker. Unter Polytheismus fallen die klassischen Opferreligionen. Wobei damit ein Relativismus der Ethik verbunden ist: Man dient dem Gott oder der Moral, wo man sich anschliesst. Unter Schamanismus fallen all die Modelle, die auf den Kult oder den Überbau der Götter oder des gottes verzichten und dynamistisch die Empirie als Spiel von spirituellen Kräften fassen, die es gilt, mit dem Willen, dem Ich oder Selbst oder der Kraft zu verbinden oder zu trennen. Unter religiöser Atheismus fällt der klassische Buddhismus, der Dharma. Nicht zu vergessen, die Lehren der Dreiheit im Hinduismus und Katholizismus.

Zum Schluss die Modelle ohne Religion: -Theistisches Weltgesetz oder Weltgeist - Atheistisches Weltgesetz -Materialistisches Weltgesetz - Spirituelles Gesetz.

Unter theistisches Weltgesetz steht der Weltgeist des klassischen Idealismus mit plus-minus-religiöser Weltgeist als Axiom. Unter materialistisches Gesetz fällt der Überbau des sog. Histomat-Diamat im realen Sozialismus. Er lässt sich formal als Ethik plus Metaphysik fassen. Allerdings steht der Glaube an die Materie oder Naturgesetze als quasi-spirituell.

Unter atheistisches Weltgesetz fällt der Glaube der Naturwissenschaft im Geiste der Aufklärung. Allerdings ist auch hier die Tendenz zur Spiritualisierung der Materie festzustellen. Unter spirituelles Weltgesetz fallen die Systeme, die wie das der Anthroposophen, den Menschen als Mass aller Dinge in den Focus stellen, religiöse oder mystische Axiome nicht ausschliessen.

Fehlen nur all die Elemente, die bisher noch im Bereich des Undenkbaren oder der Utopie zu fassen sind. Ebenfalls Sonderformen, wie der Mystiker oder der Eremit, die sich annähernd oder in fast allen Gruppen einordnen lassen. Im Prinzip ist jede bisher nicht erfasste Form mit formalen Attributen oder mit inhaltlichen Prädikaten fassbar. Es ist in solchen Fällen jeweils eine neue Vierheit von Elementen zu öffnen.

Anhang

Ob man das Weltall und die Zeit linear oder zirkulär auffasst, ob es einen Sinn gibt oder die Welt als ganzes sinnlos und zufällig ist, das sind nur beschränkte Vorstellungen und Anschauungen. Jede Weltanschauung, auch noch so beschränkt, hat eine Berechtigung. Und jede, auch noch so wahr, ist beschränkt.

Atheismus und Theismus müssen auf eine Wurzel zurückzuführen sein, sonst wären sie beide nicht möglich. Ob es den persönlichen Gott gibt oder eher das mystische numen: Ob als Atheist, als Theist oder Als Mystiker, muss jeder einen unmittelbaren Zugang zum Wesen, dem sog. höchsten Wesen finden. Der Atheismus bietet geradezu den besseren Weg, zur Erkenntnis, zu Bewusstsein zu gelangen. Egal ob der Atheist religiös, areligiös oder Mystiker ist. Die Frage, ob Atheismus oder Theismus oder überhaupt irgendeine Weltsicht wahr oder relativ wahr ist, ist nur Produkt beschränkter Vorstellung und Auffassung. Im Endeffekt ist diese Frage unerheblich.

Die Gesamtbilanz der Materie im All ergibt Null. Also ist die Materie eine Illusion. Ausser dem All in der Raumzeit gibt es dann nur den Urozean, aus dem alles besteht, zu dem alles zurückkehrt. Dieser Ozean ist ausser der Raumzeit also mit raumzeitlichen Mitteln nicht fassbar, eben die Ewigkeit.

Was gibt es: Der Mensch ist weniger als eine Mikrobe, ja nur ein Atom im Vergleich zum Gesamtkosmos, ebenso der Planet. Zugleich aber ist er ein Wunder und die Erde ist ein Wunder und das Leben ist ein Wunder, denn er und es haben Bewusstsein. Der Mensch ist ein winziges holographisches Abbild dieses Gesamtkosmos und trägt das All in sich. Die Ewigkeit ebenfalls. Also hat er unmittelbaren Zugang zu diesen.

Was gibt es: Es gibt ungeheure Grössen- und Entfernungsunterschiede, vom Mikrokosmos zum Makrokosmos, die einem Beobachter der nächsthöheren oder niederen Ebene das Objekt der nächstniederen oder höheren unmessbar irreal scheinen lassen.

Es gibt nicht unzählige, aber eine fast unmessbare grosse Zahl von Welten, Planeten, Fixsternen in der Galaxis und Galaxien im Gesamtall, sodass die Zahl der bewohnten, bewusstseintragenden Planeten mit Sicherheit gross ist. Das ist schon nur schwer in Modellen fassbar. Daneben gibt es wahrscheinlich eine ebenso grosse, wenn auch nicht unzählige Zahl von Parallelwelten, eine Schaumblasenmasse von Welten, Kosmen, die zur Zeit noch nicht erforschbar sind. Das ist schon mittels der Raumzeit und raumzeitlicher Modelle nur schwer fassbar. Die Frage, wo sich diese Masse von Welten denn befindet, ist offen, denn in der Raumzeit befinden sie sich nicht und das ausserhalb lässt sich nur mit raumzeitlichen Modellen fassen, ist also unfassbar.

Daneben gibt es eine Vielzahl von Sphären, Götterwelten, Menschenwelten, Dämonenwelten, die dem Bewusstsein des Menschen im Wachzustand nicht zugänglich sind, die sich aber ausserhalb der Raumzeit befinden. Niedere Sphären, die der der Menschen näher stehen, höhere und höchste Sphären, bis hin zur Ewigkeit, die unfassbar ist.

Daneben gibt es in der Raumzeit eine Unmenge von früheren und zukünftigen Existenzen jedes Wesens bis hin zum Urgrund, aus dem sie entstanden sind und in den sie zurückkehren. Dieses Ausmass der Zeit in beide Richtungen des linearen Zeitstrangs und die Vielzahl subjektiver und ubewusster Zeiten neben der sog. Echtzeit ist schon schwer im Wachzustand und raumzeitlich erfassbar. Dazu kommt die Unzahl von Bewusstseinsträgern, Wesen auf der Unzahl von Planeten im All. Und dazu kommt die Unzahl von möglichen Welten und Wesen in den Parallelwelten. Und dazu kommt eine Unzahl von Wesen in den Sphären und Dimensionen, von denen es wahrscheinlich wesentlich mehr als nur 4 gibt.

Dieses zeitgleiche Nebeneinander von Planeten, Welten, Parallelwelten, Zeitläufen, Sphären und Dimensionen ergibt ein für den Wachzustand eines Bewusstseins in der Raumzeit nicht mehr fassbares Bild, eben nur ein Bild, ein Modell von einem polydimensionalen Netz von Welten und Wesen, die das Multiversum ergeben. Und diese Gesamthait ist insgesamt eine Illusion. Sie ist nichtig.

Nach all dem kehrt der Mensch zwischen Mikrokosmos und Makrokosmos wieder am Ende der Zeiten aus der Raumzeit des zeitlich und räumlich begrenzten Alls in den Urozean, die Ewigkeit zurück. Die Frage, ob einer Atheist oder Theist, Erlöster oder Verdammter war oder sein wird, ist vor diesem Aspekt sub specie aeterni wirklich unerheblich: Am Ende sind sich alle Bewusstseinsträger gleich, alle kehren wie in den Urozean zurück, in die Ewigkeit. Der Mensch zwischen Sein und Schein: Die stoffliche Welt - Der Schein. Die Ewigkeit - das höchste Sein. Was dann kommt, ist völlig unklar, aber klar ist, es kommt. Das ist das Sein, der Sinn. Der Sinn von Sein.

Über Sprache, Schikane und Telepathie

Da Telepathie unter Tabu steht, wird sie über sprachliche Chiffren transportiert, die wie die Partitur einer Symphonie das Pendant darstellen:
Die Tatsache der Telepathie ist evident und braucht keinen klinischen Beweis: Sie steht 150%ig unter Tabu und wird sprachlich über die Chiffre der Enklitika, über Chiffre-Themen oder über Anspielungen transportiert. Offenbar löst die Telepathiekompetenz eine Aspiration der Stimmritze aus, bei Emotion oder Affekt, was reziprok als Unterbrecher wirkt. Nontelepathen werden auf diesen Akustik-Unterbrecher kondizioniert, bei normalen Telepathen genügt der direkttelepathische Druck, der Blick. Diese Methoden sind unfair und faschistoid. Nun ist es an der Zeit, diese Lücke des Tabus aufzulösen und das Thema zu legalisieren.

In der modernen Psychiatrie gilt das Thema als Wahnvorstellung: Schon der Glaube an Gedankenlesen ist definitiv Symptom. Die Telepathie wird quasi aus dem Raster der Wirklichkeit ausgeklammert.
Der Verfasser wurde als Nontelepath komplett fehldiagnostiziert und faschistoid psychiatrisiert.
Ein Professor äusserte auf einer Podiumsdiskussion, er halte das ganze Problem für verzichtbar. Ja sogar das Institut für Grenzwissenschaften anwortete, man solle Telepathie oder Schikane erst mal genau definieren, könne dem so nicht zustimmen.
D.h., es ändert sich auch bei Esoterikern nichts.
Der Komplex bleibt unter Totaltabu.
"Genau" - bedeutet eine momentane Telepathie-Aktion.
"-ne", enklitisch - bedeutet eine radikale Abwertung.
"So" - bedeutet eine nontelepathische, nicht überlagerte Aktion. "So-ne" eine telepathisch überlagerte Aktion.
Die "3" steht für eine Schikane-Aktion,
die "8" für Telepathie-Kompetenz usw.
Daneben gibt es noch Chiffre-Themen wie Geld, Wetter, Gesundheit, Justiz, bei denen immer, aber nicht zeitgleich eine Telapathie-Aktion mit Schikane im Gange ist.
"Wasser", "Lachen" dienen als Chiffre für Schikane.

Telepathie-Schikane

Wie in Sprache und Denken und Bewusstsein gibt es eine Submoral, Sublogik, Subsemantik, Subsyntax, oft transportiert durch Telepathie, oft antithetisch zur Sperschicht. Daher negatives Denken, Schichten wie die Strophen einer Partitur. Eine freie Schikanepraxis, die durch perfekte Mimikry in Sprache und Ethik getarnt wird. Das ergibt das Totaltabu um Telepathie und Schikane. Fakt ist: Telepathie bewirkt eine Aspiration, die reziprok als Angst-Hass-Auslöser wirkt, als Interruptor. Dieses Fakt von Telepathie und Schikane braucht keinen Beweis, es ist evident.

Der Komplement-Satz

Die Identität von Sein und Werden, von Nichts und Alles im einen: Er setzt die Zurückführung von Antinomien auf komplemantäre Wurzeln und Ableitung zu komplemantären Enden. Alles ist relativ, relativ ist das alles, alles ist das Nichts, das Nichts ist Alles. Das Sein ist das Werden, das Werden ist das Sein. Hier heisst "ist": Ist komplement. Vorausgesetzt der vierfache Sinn der Kopula "ist" und der vierfache der Kausalität. Das ist der Sinn von Sein.

Der Polar-Satz besagt die Einheit der Entsprechungen: Jede Einheit hat einen Gegenpol, gemessen an einem Standpunkt. Teil und geteilt: Werte gipfeln im einfachen Gegensatz, in der Grenze im Entschluss für oder gegen, im Bewusstsein, im Ich. Ein Wert ist das Gute, relativ im Chaos, aber absolut gesetzt im Determinismus.

Der Null-Adäquat-Satz:
Alles gleicht sich aus, im Streben nach Null, erreicht es aber nie. Nichts ist gut ausser das Nichts, aber das ist per se wertfrei. Alles ist eins und alles ist nicht. Alles kehrt in sich zurück. Von der selben Wurzel zum selben Ende. Alles, jede Weltanschauung ist Täuschung. Es gibt nicht das Positive oder das Negative absolut, nur gemessen an einem Wertmassstab. Jeder Wert strebt nach Macht, Liebe, Wissen, nach dem Absoluten, nach dem einen, dem selbst.
Es gibt eine Submoral aus den Subschichten der Moral, der Logik und der Sprache - oft transportiert im Ausserraumzeitlichen. Die Schuld wirkt nur durch Bindung an die Tat, an den Standpunkt.
Das Sein ist im Werden, das Werden ist im Sein, auf dem Weg zu sich, zum einen. Unentsprechend in der bedingten Welt, daher ist das Ziel im Ausserraumzeitlichen zu fassen.

Ethik, Moralia
Moral ist ein System von Soll-Sätzen, die aus So-Sätzen mittels alogischem Brückenschlag, mittels Funken, Entschluss für das eine gewonnen werden. Nach aussen relativ, in sich absolut gesetzt verlangt die Moral absolute formale Geltung, die Regel verlangt totale Erfassung der Wirklichkeit. Die Moralgenese geschieht durch Existenzdruck, von Motivation zu Konvention, oder durch Analogie, aus Kann wird Will wird Muss.
Erinnern ist motivierte Konvention, Vertrauen auf die Wiederkehr, ein Brückenschlag über die Lücken im System. Ohne diesen ist die Enttäuschung da, die Schuld, die Unentsprechung. Die Suche nach dem Schuldigen ist die Stütze der Moral, ihrer Absolutheit. Formal ist eine Regel zweckfrei als Geltungsanspruch, de facto sind aber Form und Inhalt nicht zu trennen. Inhaltliche Maximen wie Rasse und Klasse oder Einheit, Freiheit sind späte Sonderformen.
Primär dient die Moral dem Erhalt der Ordnung.

Norm-Ethik

Das Selbst, das Ich, das Wir sind die Einheiten mit Bewusstsein, sie streben nach Wissen, Liebe, Macht, nach Einklang. Das Selbst wehrt sich zum Erhalt seiner Würde. Spiel ist Kampf, Kampf ist Spiel. Das Selbst strebt nach Kampf und Spiel in Einklang. Das ergibt die Forderung nach Selbstachtung statt Ursünde, statt Schuld, statt Leidensdruck als Moralgrundsatz. Warum aber? Es ist eine Etor-Entscheidung des Willens für das eine, das selbst-entsprechende. Glück ist nicht Lust. Sondern das eine von sein und werden, zu sich kommen, von sich ausgehen. Das Wie der Moral ist entscheidend: Tu und lasse im Einklang der Kräfte von Ich, Selbst, Gruppe, Umwelt in gewachsener und gesetzter Moral. Alles Leben ist Kampf um Macht, Liebe, Wissen. Kämpfe um die eigene Würde, im Entschluss für das eine.

Sozialmoral

Das Wir ist die Entsprechung des Ichs im Plural, die Gruppe, die Nation ist also wichtig für den Selbstwert. Da Ethnien in erster Linie über Staat, Familie, Sprache, Glauben oder Rasse oder Klasse definiert werden, sind diese Fakten bestimmend. Die Wahrung der eigenen Sprache etc. ist also eine Grundnorm des Wir.

Die Elite steht zwischen werden und sein, im Kreislauf der Einheiten von Moral und Wir. Es braucht eine Führung mit Rückkopplung oder Austausch von unten und oben. Statik und Dynamik, Selbständige Personen statt anonymes System. Gelten soll hier das Wagner-Wort: ...Und das soll gelten für alle Bereiche: Wohnen, Arbeit, Liebe, Freund, Feind, Geld, Staat, Rasse und Klasse. Egal ob Anarchie, Demokratie, Ochlokratie, Plutokratie, Oligarchie oder Tyrannis: Härte oder Milde, Gleichheit oder Gerechtigkeit. In jedem Fall ein System, eine Konstante, die das SO zum SOLL wahrt, das SOWIESO. Eine Mischung der Prinzipien gegen starres oder chaotisches Total-System.

Das Erkennen

Es herrscht in den Offenbarungen eine Ambivalenz von Erkennen und Sünde: Die Urerkenntnis ist gleichgesetzt mit Ursünde, die Initialzündung des Entstehens und der Erkenntnis gilt als Skandal. So ist auch die Erlösung, das Omega, ambivalent zur Entstehung, dem Alpha, das Streben nach Erlösung aber setzt Erkenntnis und Entstehung voraus, so also in der Gleichsetzung von Totalsünde mit Erkenntnis und Totalerlösung. Das ist Anfang gleichgesetzt mit Ende, aber ambivalent.

Dagegen soll gesetzt werden: Die Kopplung von Sünde mit Eerkenntnis der Off.I oder die Kopplung von Leben mit Leiden der Off.II ist abzulehnen. Es gelte die Kopplung von Leben mit Spiel und Kampf: Ziel ist das Wissen. Wissen, Liebe und Kampf.

Die Antinomie des Dings an sich oder des esse est percipi muss auf die gleiche Wurzel zurückgehen, auf das gleiche Ende hinauslaufen: Das unerkannte Ding an sich ist eine Sonderform des esse est percipi und das esse est percipi eine Sonderform des Dings an sich. In beiden Fällen herrscht eine Wechselwirkung im weitesten Sinne.

Determinismus

Bisher galt in der Tradition die Antinomie von Kausalität und Kasualität: Freier Wille war komplement zur Kasualität, Vorbestimmtheit zur Kausalität. Aber ebenso kann es auch umgekehrt gelten: Freier Wille als Sonderform oder Subschicht zur Kausalität und Determiniertheit als Konsequenz des Chaos. Bisher galt die monokausale Äquivokation von Wille mit Chaos und Unfreiheit mit Kausalität. In Wahrheit muss beides auf die gleiche Wurzel zurückgehen, aufs gleiche Ende hinauslaufen: Zufall und Notwendigkeit, Wille und Zwang als Einheit, als Komplemente. Eher ist Willensfreiheit als Initialfunke im Ausserraumzeitlichen zu fassen: Freiheit nicht Zufall im Chaos, sondern Entschluss im Zwang und im Chaos.

Die Maxime der Pädagogen ist Gegensteuern, Beziehungsfalle und Aufbauen von Schuld. Dasselbe tut Jahwe mit seinen Geschöpfen mittels Erbsünde: Sie sind unschuldige Objekte eines Machers und er schiebt ihnen die Schuld für das Scheitern zu. Oder: Aber: Nebenbei ist diese Schuld nur ein pädagogisches Mittel, um die Erkenntnis auszulösen.

Jahwe, der Herr, ist "der, der er sein wird". Er muss sich also in ähnlicher Existenzangst befinden, wie seine missratenen Geschöpfe und auf zu sich kommen am Ende der Zeiten hoffen, da er einen Teil seiner Energie für die Schaffung der sündigen stofflichen Welt verausgabt hat, sich entfremdet hat.

Handlungen oder Personen die Daseinsberechtigung absprechen, nur weil sie zufällig da sind oder nicht hätten passieren sollen: Das unerwünschte Kind.

Die Frage, wo sich die Raumzeit, das All denn befindet, ist in zwei Punkten beantwortet: Schon mal nicht in einem Metaraum, denn wenn man ans Ende des Alls fliegen würde, würde man nicht an eine Grenze zum Nichts gelangen, sondern zum Ausgangspunkt. Und zweitens: Es befindet sich streng genommen nirgendwo. Schlüssig, da die Energiebilanz Null ergibt, ist es auch Nichts. Das Nichts, der Äther ist die Essenz von Energie, Materie und Raumzeit. Da befindet es sich, dahin kehrt es zurück, daraus besteht es, das All.

Die spiegelverkehrte Auflösung des Kompositums soll offenbar das alte Übel der dt. Schriftsprache besonders der Amtssprache auflösen, die Mammutkomposita. Aber diese Tendenz ist nicht nur ungrammatisch, sondern schaft neue Probleme: Die Semantik und Syntax der Kompositaglieder von bestimmend zu bestimmt wird umgekehrt, aber inkonsequent, es entstehen Doppeldeutigkeiten, die aus der Grammatik nicht zu erklären sind, nur durch Spekulation.
Es entsteht eine Syntax wie im semitischen Status Constructus, der den Genitiv ersetzt: Der Gott Abraham - ist nicht der Name des Gottes, sondern der Gott ist der Gott von Abraham...

Um der Normalität willen permanente Verdrängungsarbeit der Telepathie und zugleich synchron hyperkorrekte Achtsamkeit wird gefordert: Das ist schizophren. Aber wer diese normale Schizophrenie nicht leistet, gilt als klinisch schizophren. Das Alphatier sollte die Schikane mit herkömmlichen Mitteln vorexerzieren, nach dem Therapeutenmotto "Machen wir es so". Und psychische Schäden hat man in Kauf genommen, so vorrangig ist die Schikane in der Pädagogik: Und die Ärzte dienen nicht der Gesundheit, sondern der Schikaneordnung. Polizei mit anderen Mitteln und Entsprechung zur Inquisition.

Normen werden im allgemeinen auch ohne Polizei oder ohne Druck eingehalten. Entgleisungen kommen nur in pathologischen Fällen vor: Da ja, wer den Sexualtrieb für das Hauptmoment der Psyche hält, keine Ahnung hat. Es gibt weit mehr zwischen Himmel und Erde. Am Beispiel der Ehe mit Trauschein, die ja keinen Stellenwert als Norm mehr hat, wogegen die Monogamie von fast allen Gruppen als Norm gehalten wird. Deswegen ist die notorische Schikane und Kontrolle durch Telepathie in Bus und Bahn faschistoid.

Der gute Mensch, der moderne Mensch, der normale Mensch: Der gute tut, was er soll, was dem Zeitgeist gemäss als positiv gilt. Der Moderne glaubt, was über die Medien auf ihn einwirkt. Der Normale glaubt, was die Psychiatrie, die Quasi-Kirche vorgibt. Am Beispiel von ethisch-unethisch und Neger-Schwarzer: Logische Kategorienäquivokation. Unethisch gilt als unmoralisch, ist aber definitiv eine andere logische Ebene: Ausserethisch. Und ein Denkfehler: Der Neger war gar nicht als Schimpfwort besetzt, eher der Schwarze. Aber heute nach der sprachethischen Reform gilt der Schwarze als Norm. So druckt der Gutmensch aller Couleur und aller Zeiten die politische Korrektheit aus. So war es in allen Zeiten und so ist es, bis auf den heutigen Tag.

Die Promiskuität kontra die Monogamie: Auf der einen Seite sollte das Ausleben solche Komplikationen wie Onanie und Vandalismus kanalisieren. Anderseits führt ein zu frühes Ausleben nur zu lebenslanger Unreife. Grundsätzlich aber : Eine Laszivität führt nicht zu Lebensqualität, nur zu Langeweile. Und Monotonisierung nicht zu Sicherheit und Reife. Fazit: Es läuft auf das selbe hinaus. Die Norm ist das eine, die Lebensqualität das andere. Norm und Fakten müssen sich zu einem Ganzen ergänzen.

Altruismus und Ahimsa: Das Nicht-Schädigen eines Probanden reicht den Gutmenschen des Altruismus mit ihrer Monomoral nicht. Sie stehen unter Zwang, unter Etikette des Altruismus als Patentrezept, intolerant zu manipulieren. Oft reichen schon friedliche, aber unpassende Vibrationen des Innenlebens: Stimmungen, Gedanken, um eine Schikane zu legitimieren. Dieses Innenleben gilt dann als Gewalt. Die Schikane als gewaltloser Altruismus. Die perfekte Mimikry ist das. Demnach lässt sich die Gradabstufung feststellen: Fatalismus-Relativismus-Toleranz-Altruismus-Missionierung-Intoleranz.

Der Altruismus, vom Katholizismus und dem Mahayana monomanisch zum Allein-Patentrezept für Erlösung erkoren, gilt den Monomanen de facto überhaupt nichts. Was gilt, sind aktive und passive Schikane, und das Abfahren auf Reklame für pädagogische Pflichtübungen.

Fromme Einschränkung nach der Logik: Nur ein bisschen, nicht so viel. Diese Form des Denkens haben Theologen mit Naturwissenschaftlern gemeinsam, wenn sie fordern: Leben gibt es nicht auf fremden Planeten - höchstens Mikroben. Oder: Einen Gott, den es gibt, das gibt es nicht. Nur das Göttliche. usw.

Wer Gewalt übt, in Bus und Bahn, hat natürlich immer auch die Polizei auf seiner Seite, erst recht mit der Parole "Gewalt-Sehen-Helfen". Das ist ein Grundsatz der Mimikry. Dass die Gleichschaltung der Stimmungen und Gedanken der Fahrgäste faschistoid ist, dürfen sie nicht denken.

Das Sein bei Heidegger ist weniger als Nichts: Als Gesamtheit des Kosmos will er es nicht fassen, als sprachphilosophisches Definitionsproblem auch nicht, und die Kategorien aus denen das Sein konstituiert wird, ebenfalls nicht. Was bleibt also: Ein hohles Begriffsgebilde.

Aleister Crowley, von der Kirche als der böseste Mensch des 2o. Jh. verschrien, wurde von den Faschisten verboten und ausgewiesen. Warum wohl? Weil die Faschisten sich als die Gütesten der Guten als Das Gute schlechthin verstanden haben.

Die Orthographiereform könnte ebensogut die Stopp-Tipp-Reform heissen. Denn an den Gründübeln der dt. Schreibung hat sich im Prinzip nichts geändert. Es wurden nur einige Sonderfälle geändert, wie sie die Duden-Redaktion bei Neuauflagen vornimmt:

Die Gemination zur Markierung der Kürze des Vokals, Inkonsequenz der Vokal-Dehnung, Inkonsequenz bei der ß-Regelung-Teil-Abschaffung, Inkonsequenz der Anlehnung an gemischte Orthographie-Prinzipien.

Es ist offenbar, dass eine Orthographie nicht nur einem Prinzip folgen muss. Das Deutsche wäre demnach als historisch-phonologisch einzustufen. Jedoch mit Anomalien, Inkonsequenzen und Sonderfällen, puren Konventionen, eben Grundübeln.

Eine konsequente Besserung wäre zum einen rein phonologisch oder rein historisch. Die Option ist, diese endgültig abzuschaffen, statt einer halben eine echte Reform!

Die primitiv-Moralisten a la Neo-Kommunitarismus würden auf der Objektivität der Schuld beharren. Wers glaubt, wird selig, oder vielmehr unselig, da man ja an die Schuld glauben soll. Die Schikanemethoden erzeugen nicht Klarheit, nicht Katharsis, sondern Unklarheit, Konfusion, Blockierung. Diese Pädagogen bauen eine Schuld auf, ohne die sie überflüssig wären.

Die Wirklichkeit muss in Zwangslagen ignoriert werden. Denn die Empirie ist Illusion. Nicht nur die Erkenntnis, sondern die gesamte Weltwirklichkeit. Auf der Grundlage von nüchternem Realitätssinn. Aber wer auf Anspielungen und Prophezeihungen hört, läuft erst recht in Schuld und Dilemma.

Der Hohlspiegel als Bild der Wahrnehmung: Jede Äusserung wird: - Negativprophezeihung - Moralischer Zwang - Feindseligkeit. Erfüllung der Auflagen anderer. Handeln anderen zu Gefallen. Das ist der Altruismus in Reinkultur. Ihr aber sollt um der Sache willen oder um eurer selbst willen handeln. In freiem Entschluss.

Die Antwort auf Dilemmafragen ist eine tautologische Gleichsetzung: Die Antwort liegt in der richtigen Fragestellung oder ihrer Umformung als Gleichung.

Der Grund, die Werdebedingung der eigenen Persönlichkeit muss wie der Urgrund des Alls im all-einen liegen, obwohl jedes Ich nur ein Staubkorn im Kosmos ist und letztlich eine Illusion. Das meiste bleibt im all-einen unbewusst.

Genetische Afiliation: Karma, Psyche, Kausalität des Ichs - Da das Ich ein holographisches Abbild des Weltganzen ist, muss es auf eine Wurzel zurückgehen. Und: Die Entnazifizierung tabuisiert die genetische Afiliation des Ichs. Gut, da es Tabus geben muss. Aber: Es widerspricht der Selbstachtung.

Sowieso und Wedernoch: Es muss darauf hinauslaufen, dass es auf dasselbe hinausläuft, egal welche Fehlentscheidungen getroffen wurden. Atheist oder Theist, Materialismus oder Spiritualismus, das läuft auf dasselbe hinaus: Letztlich ist die Materie nur eine Sonderform des Geistes oder der Geist eine Sonderform der Materie. Es ist Frage der Auffassung. Und diese ist beschränkt, ist zu überwinden. Man sehnt sich erstens nach Identität und zweitens nach ihrer Überwindung.

Kritik an Emanzen: Unreflektierte moralische Klischee-Urteile über die biologischen Unterschiede, die mal betont, mal geleugnet werden. Die Zukunft sei weiblich, alle Macht den Weibern: Das ändert formal gar nichts an den Verhältnissen. Es wird nur die Macht umgepolt, von einem Extrem aufs andere. Die Unterdrückung der Frau ist faktisch kaum noch zu halten.

Die Kritik an Zuschussverlagen lautet: Weil sie nicht verkauften, seien sie verbrecherisch. Aber gerade diese Kritik ist der Grund, nichts verkaufen zu können.

Da heisst es, der böse schnöde Mammon solle nicht die Qualität der Literatur entscheiden. Aber bei kommerziellen Verlagen entscheidet ja gerade der schnöde Mammon.

Die Literaturbüros: Das Lesen haben sie zum pädagogischen Pflichtfall erkoren, aber vom Veröffentlichen haben sie sogar abgehalten. Ein Schritt vor, zwei zurück. Sehr literaturfördernd.

Ein Paradebeispiel des pädagogischen Versuchsaufbaus: 1. Pflichtübung, ungewollt. 2. Überwindungsentschluss, zu Gefallen des Gurus. 3. Einmischung des Gurus per Heilsbeistand in Sphäre des Schülers. 4. Bestrafung des Aufgebens obwohl sondst Aufgeben gefordert wird.

Die klinisch-empirische Parapsychologie beharrt auf dem Paradigma der klassischen, also euklidischen Geometrie und Physik, und kann so zwangsläufig keine eigenen, den Phänomenen adäquate Paradigmen finden. Die angebliche Faktensuche besteht bloss aus definitorischen Problemen in der Theoriebildung. Somit sind diese Problem der P. im Grunde Pseudoprobleme. Da ein differenziertes und adäquates Inventar von Definitionen und Methoden zur Verfügung steht, und diese ein System ergeben, wäre die korrekte Fragestellung zu einem Problem der methodische Schlüssel zur Antwort: Tautologisch, deduktiv. Aber da die Experten auf einem unadäquaten Paradigma und auf empirischem Beweis und auf perfektionistischer Theorienbildung beharren, auf linearem Denken, kommt man in 1oo Jahren keinen Schritt weiter.

Ein Zwang wird nicht durch Ableisten gelöst. Vielmehr muss man den Zwang selber auflösen. So auch die Schuld- und die Leidensmoral. Jede mögliche Erfahrung auszuleben ist ebenso unmöglich. Pädagogen fordern ein, worin der Schüler schwach ist. Juristen kreiden an, was legitim ist. Per Subschicht der Moral. So ist es mit dem Recht auf Verweigerung und dem Fächerwahlrecht der Uni. Und der Mündige bekommt nie, was er gewählt hat, was er wählt, ist mit Schuld belastet, mittels negativem Denken, das alles positive ins Negativbild umformt. Diese Schuldmoral besteht nur aus Lügen. Die Schuld wird künstlich aufgebaut, um ein pädagogisches Druckmittel zu haben.

Die zwei Todsünden des Christen: Fixierung auf die Schuld und Handeln zugunsten anderer: Talion und Altruismus.

Bedingungsloses Grundeinkommen:
- Durch die Maxime "Geld ohne Arbeit für jeden" wäre die Arbeit und damit das Geld nichts mehr wert, es käme zu einer Inflation der Werte.
- Durch die Maxime würden Millionen von Asylanten ins Land strömen, um vom sozialen Netz zu profitieren. Die Folge wäre eine Explosion der Ballungsräume und eine rassistische Zeitbombe als Gegentendenz.
- Obwohl durchaus im Interesse des Prekariats, wäre die Maxime der reine Wahnsinn für alle Betroffenen. Das gesamte Land würde in einen Kollaps geraten.
- Moralisch betrachtet ist die Maxime unmoralisch,
- Psychologisch ist die Maxime anti-emanzipatorisch, da jeder, auch der wertloseste, etwas leisten will.

Tendenzen fordern Antitendenzen heraus. Hyperhygiene fördert Allergien, Perfektionismus fördert Krisen, Hast erzeugt Langeweile, Ruhe Kurzweil.

Definitions-Liste

Das Ich - Definiert als Bewusstseinseinheit, holographisches Abbild des all-einen. Praktisch ein an Null grenzender Punkt.

Das Selbst - Definiert als mystisches Ich über dem Alltags-Ich. Kosmisches Ich gegen weltlichem.

Das Wir - Definiert durch Rasse, Klasse, Sprache, Glaube oder Ethnos oder Familie oder Staat oder Einheit anderer Art. Das Wir ist die Übersetzung des Ichs in den Plural.

Das Sein - Definiert als Weltganzes oder als Chiffre für Statik, Komplement zum Werden, transportiert durch die vierfach definierte Kopula IST. Oder als Sammelbegriff der Kategorien, die es bilden.

Das Werden - Weltganzes mit der Chiffre für Dynamik, Komplement zum Sein.

Das Nichts - Komplement zum Alles und zum Relativen und zum Absoluten. Mystisch steht es für das Ausserraumzeitliche. Existenziell für das Anti-Sein.

Werte - Grundsätzlich relativ zum Massstab, zur Perspektive, vom Werteträger absolut gesetzt. Immer polar zu einem Antiwert, oft transportiert durch Sprache und Telepathie.

Pole - Folge des binären Denkens, aber auch des binären Werdens des Kosmos.

Bewusstsein - Stufe zum Selbstbewusstsein. Komponente jeden Seins.

Das Gute - Wert per se. Immer nur Wert qua Bezugspunkt. In der Praxis aber immer absolut gesetzt als DAS GUTE.

Das Böse - Subjektivismus der Moral, Absolutierung der Feindseligkeit.

Moral - System mit Super- und Subschichten, transportiert durch Sprache und Telepathie. System von Soll-Sätzen, gewonnen aus So-Sätzen durch alogischen Brückenschlag, gewonnen aus gesetzter oder gewachsener Konvention als Motivation.

Der Tod - Der Tod ist das Ende des Lebens, nicht des Seins. Mit dem eigenen Sein verbunden wird der Tod Nichts.

Das Leben - Zu verknüpfen mit Kampf und Spiel gegenüber der Setzung Leben gleich Leiden der Off. II. Leben steht als Chiffre für ewiges Leben.

Auffassung - Im alltag wie in der Mystik: Philosophische, humoristische, künstlerische, mystische oder pragmatische oder andere Auffassung von der Empirie.

Weltanschauung - Glaube oder Dogma oder Theorie oder Ismus der Beschränkung auf moralrelevante Auffassung. Schema oder Raster der Weltwirklichekeit.

Subschicht/Superschicht - Moralrelevante Ebenen oft antithetisch und zT. durch Sprache, zT. durch Telepathie transportiert.

Entsprechung/Analogon - Selbstentsprechend heisst, entsprechend den eigenen Gegebenheiten, in Einklang mit sich und seinem Umfeld. Hin zum einen, zum Schönen. Unentsprechend heisst, das Gegenteil.

Komplement - In allen Bereichen und Ebenen ergeben widersprüchliche Antinomien ein Komplement: Sich ausschliessende Fakten des Sowieso.

Assoz.ketten - Unter der Oberfläche der Deduktion sucht das Bewusstsein über die Ketten zurück den Weg vom Ende zum Anfang oder vom Anfang zum Ende. Die Ketten bilden ein System, das den deduktiven Beweis ersetzt.

Magie & Aberglaube - Magie wirkt, Aberglaube ist unentsprechende Verkettung.

Kausalität - Vierfach definiert ist K. der Sonderfall der Kasualität oder aber Kas. der Sonderfall der kaus. Somit bilden sie ein Komplement von Zufall und Notwendigkeit.

Kasualität - S.O.

Status - Ethik ist die Entsprechung der Status der Einheiten an sich und an ihren Bedingungen. Ästhetik ist Entsprechung der Status.

Das Was und das Wie - Auch das So und das Soll: Soll-Sätze ergeben sich aus dem Wie von So-Sätzen. Wie man entscheidet, ist entscheidend, nicht was.

Das Sowieso - Aus dem Komplement von Antinomien ergibt sich das Sowieso: Einerseits-anderseits-Sowieso.

Bindung - Nur durch Bindung an eine Norm entsteht die Norm. Bruch mit der Bindung bewirkt Schuld.

Telepathie und Schikane - Laut Kant-Manifest ist die Schikane an die Telepathie gekoppelt. Schikane bedeutet Wissen und Totalunterbrechung der Harmonie: Soll nicht-so oder nicht-tun bewirken, bewirkt aber Chaos.

So/Nicht-So - Das So ist ein nontelepathisch direktes Fakt, das Nicht-So ein durch Mimikry kaschiertes Fakt. Nicht-So heisst Nicht-tun.

Gleichsetzung - Die Ismen betreiben eine Gleichsetzung von Gegensätzen zwecks Sprachgleichungen entsprechend zur Wirklichekeit.

Erkenntnis - Erkenntnis und Sünde und Erlösung sind in der Off. I ambivalent, Tabu, in der Off. II ist Erkenntnis mit Erlösung ambivalent,
Wir fordern Erkenntnis ohne Schuld, ohne Leiden, im freien Spiel und Kampf.

Normalität, Gesundheit - Ein Null-Status, der von der Medizin als Norm gesetzt wird. Oft reiner Aberglaube.

Axiom - Da deduktive Argumente in sich zurückkehren, sich logisch aufheben, verlangen sie ein Axiom als Prämisse.

Prinzip - Gilt hier als Axiom für weitere Folgerungen. Das Assoz.prinzip ist hier Methode. Die Ass.Ketten bilden ein System, das keine Deduktion mehr braucht.

Beweis - Den lückenlosen Beweis gibt es nicht. Nur durch alogischen Brückenschlag der Lüge, des Wissens, des Humors.

Wechselwirkung - In der rein deduktiven Logik kommt es zu Antinomien. zB. zwischen Sprache und Denken. Die alogische Wechselwirkung ist die Aufhebung der Antinomien. Das Sowieso des einen.

Freiheit - Ist hier in erster Linie Entscheidungsfreiheit: Der Initialfunke.

System - Die Status von Einheiten bilden ein System.

Ebene - Sprache, Logik, Moral, Bewusstsein u.a. wirken über die Partitur, auf Ebenen, von denen einige im Unterbewussten oder im telepathischen liegen.

Absolutheit - Das eine im Ausserraumzeitlichen, das blasphemisch absolut gesetzte Relative der Moral.

Motivation/Konvention - Erinnern der Ass.Ketten ist motivierte Konvention. Moral ist konventionalisierte Motivation.

Tabu - Telepathie und Schikane stehen unter einem Totaltabu.

Totalität - Weltanschauungen fordern die Totalität des Rasters für die Empirie: Totale Gleichsetzung der Sprachgleichung mit der Wirklichekeit.

Ästhetik - Ethik soll ästhetisch sein, also selbstentsprechend.

Wissen/Liebe/Macht - Das Bewusstsein und das Selbst und das Ich streben nach Wissen, Liebe, Macht, nach Identität, nach dem einen.

Selbstachtung - Hier gilt die Norm der Selbstachtung als Axiom, als Moralgrundlage.

Glück - Klassisch ist die Hierarchie von Lust über Zufall zu Seligkeit usw. Glück sei hier nicht gleich Lust oder das Gute, sondern ein Kampf, ein Spiel in Einklang der Elemente.

Elite - Die Elite entsteht in jedem System aus dem Kreislauf der Status der Einheiten oder Schichten. Es muss eine Wechselwirkung der Elite mit der Basis herrschen. Die Elite steht zwischen Statik und Dynamik.

Humor - Humor ist ein Brückenschlag über die disharmonien in der bedingten Welt. Er bewirkt einen SSchock, eine Provokation. Umor ist eigentlich Lüge, die Wissen enthält. Humor wirkt durch Übertreibung, Ähnlichkeit oder Unentsprechung von Form und Inhalt. Im Prinzip ist Humor reduziert auf die Deixis: Hier!

Pädagogik - Wirkt durch sich ausschliessende Forderungen auf den Schüler: Durch Beziehungsfalle. Der Schüler soll so zum Nicht-so bewogen werden. Der Grundsatz Fordern heisst Fördern: Die Forderung wirkt per se als Geltungsanspruch. Es wird aber entweder das Gegenteil oder eine Nebensache gefordert. Pädagogik des Gegensteuerns. P. ist nicht alles, was formt: Nicht welche P., ob Härte oder Milde, sondern das wie, das sowieso zwischen Schüler und Lehrer wirkt.

Ismus - Der Ismus ist eine Abstraktion von Denkmustern, die die Wirklichkeit weltanschaulich abbilden sollen.

Etor - Der bewusst - unbewusste Antrieb des Selbstes in Entsprechung seiner Teile.

Epoche - Das Aufhören, Abstand von allen Fixierungen, von sich ausgehen, zu sich zurückkehren, zum einen.

Kairos - Der passende, entsprechende Moment zum Handeln.

Sinn - Die Gesamtaussage dieses Textes.

Tolkiens Elbensprachen

1. Quenya: Ursprung: Der Name Quenya bedeutet ursprünglich Sprache. Ursprünglich die Sprache von Eldamar, also Elbenheim jenseits des Meeres im Westen. Vorgänger waren die Westelben aus Mittelerde, deren Überreste in Mittelerde später zu den Sindarin-Sprechern wurden. Darum ist Quenya archaischer als Sindarin, ähnlich wie Isländisch zu Norwegisch. Ebenso hat Quenya einiges von den Valar entlehnt (z.B. miruvore). In Eldamar wurden aus den Westelben bald die sog. Hoch-Elben. Eine Rück-Überlagerung nach Mittelerde fand durch die Noldor statt, die vor dem Feind Melkor im Westen auswichen. Bis die Noldor schliesslich das Sindarin annahmen. So Rückübersetzungen wie Altariel zu Galadriel. So wurde Quenya im Westen zur Hoch- und Kultursprache der Sindarin. Die ersten Menschen, die Quenya adaptierten, waren die Atani, die ihr Königtum auf Quenya Numenor, Westreich nannten. Später diente Quenya noch in Gondor als Bildungssprache. Bis die Könige von Gondor in der Spätzeit Sindarin übernahmen. Z.B. Faramir (Qu) oder Aragorn (S).

Zitat: - Yeni unotime ve ramar aldarôn! Yeni ve linte yuldar avanier. -

Grammatik: Deklination: alda - Baum:

Sg.: Alda-aldo-aldanen-aldava-aldanna-aldasse-aldallo

Pl.: aldar-aldaron--aldannar-aldassen-

ähnlich flektieren die beiden anderen Deklinationen, z.B. 2. Dekl.: lasse - Laub oder elen - Stern.

Der Allativ -aldanna- hat eine Parallele im Finnischen Illativ (hinein zu), ebenso einen Essiv (in, bei) mit der Endung -na/-nä. Ebenso gibt es im Finnischen einen Inessiv mit der Grundbedeutung -inmitten-, der auf -ssa/-ssä lautet. Entspricht dem Lokativ -aldasse-. Der Ablativ hat seine Entsprechung im Finnischen Ablativ der Endung -lta/-ltä (von weg), ebenso einen Adessiv auf -lla/-llä (zu, hin zu) wie in aldallo. Man kann das Fazit ziehen, dass die Kasus durchgehend mit denen des Finnischen übereinstimmen.

Das Präsens wird markiert durch -a -caita mornie- Dunkelheit fällt. -elen sila- Ein Stern scheint. lantar lassi- Laub fällt. Das Präteritum wird markiert durch -e: Z.B. -Elentari ortane- Die Sternenkönigin erschien. -Yeni vanier- Lange Jahre vergingen.

Pronomen: Sg.: enye-elye-erye-ehye Pl.: elve-elmé...

Possessiv: enya-elya-erya-ehya

Auch hier sind die finnischen Pronomen von frappanter Ähnlichkeit: Sie sind praktisch gleich. Da der Verfasser des Finnischen nicht mächtig ist, können wir keine näheren Vergleiche lexikalischer Art anführen. Es ist jedoch anzunehmen, dass auch lexikalisch Finnisch Pate gestanden hat.

Sindarin: Der Name Sindarin ist ein Quenya-Wort und bezeichnet die Grau-Elben, die in Mittelerde verblieben: Sindar - Die Grauen. Beide sind genetisch verwandt. Jedoch ist Sindarin weiter entwickelt, Quenya ursprünglicher. Die zahlreichen Parallelen zwischen Kymrisch/Walisisch und Sindarin sind evident: So K du - schwarz, S: duath - Schatten, K: mal - Gold, S: mal (Gold). Eine Kuriosität jedoch: -iar- bedeutet in Sindarin -alt-, in Kymrisch jedoch -Huhn-, wogegen -hen- in Kymrisch -alt- bedeutet.

Die Lautlehre des Sindarin fällt auf, ebenfalls parallel zum Kymrischen, durch die sog. Lenisierungen. So wird /b/ zu /v/ in vokalischem Umfeld. /p/ zu /b/, /ptk/ zu /bdg/, z.B. lat. populus, K pobyl, Qu. Altariel zu S. Galadriel.

Die Phonetik ist ganz entsprechend: So gibt es in Kymrisch das bekannte /ll/, ein stimmloses /l/, wie in dem Namen Llewelyn. So auch im Sindarin. Nur in der Orthographie folgt Tolkien nicht dem walisischen mit seinem /ff/ für /f/ und /f/ für /v/, sondern hat eine englische Schreibung.

Grammatik: Pronomen: -im- ich -nin- mich -le- dir -hain- ihnen. Verb: -cuio!- lebe! nallon - ich rufe diriel - glotzend echant - gemacht chebin - ich hielt onen - ich gab linnathon - ich werde singen.

Pl.: adan - Mann edain - Männer. Das ursprüngliche Pl.-/i/ wirkt umlautend auf den Vokal. Ein Phänomen, das im Germanischen häufig ist.

Fazit: Die Parallelen zu Finnisch und Kymrisch liegen auf der Hand. Das linguistische Problem ist: Wie hat sich ein Quasi-Kymrisch (Sindarin) aus einem Quasi-Finnisch (Quenya) entwickelt, da Finnisch zum Finno-Ugrischen Kreis und Kymrisch zum Indogermanischen gehört? Für den Linguisten Tolkien war dies kein Problem, die Derivation der genetischen Afiliation von Sindarin aus Quenya: Eine ausführliche Liste mit Etymologien, vor allem der Elbennamen, klärt das Problem.

Ausserdem wird Tolkien auf diese Weise unwillentlich zum Vorreiter des Nostratismus, indem zwei genetisch nicht verwandte Zweige souverain auf eine Wurzel reduziert werden.

Elbische Lehnwörter im Indogermanischen

Das folgende ist eine Umkehrung der historisch echtzeitlichen Reihenfolge, also im Prinzip eine radikale Umkehrung der wissenschaftlichen Methode:

Man geht davon aus, dass Elben, also Quenya-/Sindarinsprecher, Kontakt zu Indogermanen hatten und folglich diesen eine Reihe von Kulturwörtern tradiert haben. Historisch korrekt wäre umgekehrt, wenn historische Sprachen wie Finnisch oder Kymrisch zum Elbenwortschatz beitragen. Aber Tolkien dreht das Prinzip um: So z.B. das Rabe-Wort, lat. corvus, gr. korax, aus der Form $^{+}$craban, belegt am Pl. crebain. Daraus ergibt sich eine Chronologie der Kontakte: Die Zeitdauer des Kontakts von Sindarin-Sprechern zu Indogermanen, wobei es mit Kulturimporten der Elben auch zur Übernahme der Wörter kam, so in der Eisen-Wurzel /ang/, die für eine Übernahme des Eisens von Elben an Indogermanen spricht. Jedoch ist die Semantik von $^{+}$angw in den ig. Sprachen nur die von Gegenständen, z.B. gr. ankon, Haken, was für die Übernahme von fertigen Werkzeugen spricht. Ein Beispiel ist die Elbenwurzel $^{+}$mor- , schwarz, die im Ig. als Wurzel $^{+}$mer mit Bedeutung -sterben- vorkommt. Oder die Elbenwurzel /car/, rot wird als $^{+}$krew übernommen, in Bedeutung von Blut oder Fleisch (gr. kreas, lat. cruor).

Der Elbenkalender von Imladris
Auffällig ist die Konkordanz der Monatsnamen zwischen Quenya, Sindarin und dem franz. Revolutionskalender, der wiederum auf germanische Namen zurückgeht. Das impliziert die Übernahme durch die frühen Germanen aus dem Elbischen: Beispiel: Quenya: viresse, Sindarin Gwirith, franz.: Germinal, -Saatzeit- usw.

Andere Sprachzweige von Mittelerde:
Khuzdul: Die Sprache der Zwerge: Bis diese menschliche Sprachen übernahmen und Khuzdul zu einer Traditionssprache wurde.

Phonetik: Khuzdul hat die Tenues aspiratae /ph/, /th/, /kh/, wie das gr. und ai. Ebenso ein uvulares /R/.

Grammatik: Wie in semitischen Sprachen bestehen Khuzdul-Wurzeln aus 3 Radikalen, deren Vokalisierung die Wortarten und die Konjugation ergibt: Arab.: /kataba/, schreiben, wird /jaktubu/, er schreibt, /uktub/, schreib!, /mukatib/, Schreiber usw.

Textprobe: Balins Inschrift: Balin Fundinul UZBAD khazad dumu...

Die schwarze Sprache: Die Sprache der Orks: Nur belegt in Namen und Inschriften wie in dem Wort Nazgul = nazg & gul, Ring-Träger.

Adunaic-Sprachen: Die Sprache der Rohirrim. Es handelt sich wohl um Altenglisch. Die Numenor dagegen sprachen Westron oder Adunaic: pharaz - Gold, kalab - niederfallen, Ar-Adunikhor - Herr des Westens, vom Sindarin /dun/ - Westen. Später übernahmen die Reiche Arnor und Gondor diese Sprachen.

Namen und Schriften

Hobbitnamen: Es gibt 5 Typen:

1. Literarische Namen, vor allem aus germ. und altengl., z.B. Bandobras, Peregrin, Fredegar, Menegilda. Diese tauchen vor allem bei Aristokraten auf, wie den Tooks und den Bolgers.

2. Kurznamen, maskulin, die auf -a enden, von Tolkien auf -o geändert. Bilbo Beutlin hiess also eigentlich Bilba. Wogegen die femininen auf -o oder -e enden, von Tolkien zu -a geändert. Z.B. Bilbo (Bilba), Frodo (Froda), Odo (Oda), Dora (Doro).

3. Blumen- und Mineralnamen, z.B. Belladonna, Rose, Berylla, Ruby. Diese wurden für feminine benutzt.

4. Keltische Namen, z.B. Rorimac, Saradoc, Bombadil, Berilac. Diese sind bei den Buckländern üblich.

Fazit: Auch im Fall der Namenskunde stellt sich das Problem der Umkehrung des historischen Prinzips: Wie haben die Hobbits der Altvorderenzeit, einer protohistorischen Epoche Namen aus historischen europäischen Traditionen entlehnt? Die Lösung ist wieder typisch Tolkien, nämlich ahistorisch, mythologisch: Danach haben in Wahrheit die Kelten, Romanen, Germanen diese Namen von den Hobbits übernommen!

Namen der Rohirim: Da die Sprache der Rohirim altanglisch war, sind die Namen ebenfalls diesen Ursprungs. Z.B. in dem Gruss: Ferthu Theoden hal! - Geh du, Theoden, in Gesundheit! Diese werden phonologisch von Tolkien ins neuenglische übertragen, so /k/ zu /ch/, /g/ zu /y/.

Skandinavische Namen: Exemplarisch steht die Liste von Zwergennamen aus der isländischen Lieder-Edda: "...Mótsognir...Durinn..." u.a.

Exemplarisch steht der Name Gandálfr: Die Bedeutung von /gand-/ ist unbekannt. Als Kompositaglied ist es ein ursprünglich isolierter Wortstamm, der dann nur als Vorderglied üblich war. Das /-álfr/ stammt von /-wulf/, also Wolf.

Runentypen

Es gibt mehrere Typen entsprechend den in Mittelerde üblichen Traditionen. Bemerkenswert ist, dass ein Teil der Runenschriften Konsonantenschriften sind, mit inhäriertem Vokal, wie in indischen Systemen, oder mit Vokalisierungshäkchen, wie in semitischen.

Z.B.: The Lord of the Ri- ngs

Wobei es eine archaische Type gab und kultivierte Formen der Tradition, je nach Duktus aus Meissel oder Feder. Das führt zu kalligraphischen Varianten, von denen es je nach lokaler Schule etliche gibt.

Z.B. Type

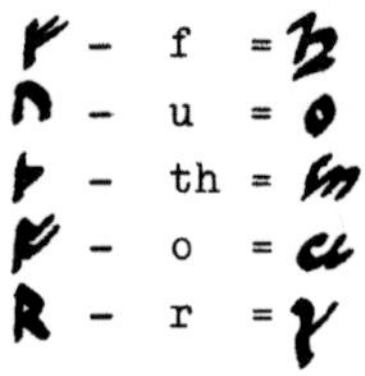

Nachtrag: Tolkiens Weltbild aus moralphilosophischer Sicht. Der Verfasser ist Gegner von Tolkiens Moral.

Tolkiens Weltbild: T. betreibt eine radikale schwarz-weiss-Malerei: Der Kampf der Guten gegen das Böse. Für Tolkien gibt es nur absolut gute oder böse Wesen. Das einzige, das nicht eindeutig ist, ist Gollum, das Monster, der Ringdieb, der Grottensiedler, der am Schluss in Mordor vernichtet wird.

Das ist unrealistisch, naiv und menschenfeindlich, denn gerade das, weder eindeutig gut noch böse, ist das allgemein menschliche. Gut sind die Elben, gut sind die Reiche von Gondor und der Rohirim. Böse ist Mordor, böse sind die Orks. Naiv, denn in der Empirie ist es Frage der Perspektive, welches Reich, welche Partei das Gute vertritt. Z.B. hält die katholische Kirche alle orthodoxen Marxisten für das radikal Böse. Diese aber halten die Kirche eben dafür. Ein drastisches Beispiel: Im dritten Reich ist der Jude die Verkörperung des Bösen. In Israel und nach 45 ist es der Nazi. Im 1. WK hatte jede Seite Gott auf ihrer Seite, die Gegenseite,,das waren Barbaren und Kriegsverbrecher. So steht es auch mit der new-age-Bewegung und dem Positiven: Das ist eine Verabsolutierung von Werten, die in realita qua Status als Wert nur gemessen an einem Massstab Geltung haben können.

Dazu ein Sprung ins Altertum: Ein dualistisches Weltbild hatte der historische Zarathustra: Der Mensch steht zwischen Gut und Böse und muss zwischen den Parteien wählen. Wie Nietzsches Zarathustra betrieb er eine Umwertung der Werte: Aus den arischen Devas, den Göttern wurden Daevas, Dämonen. Aus den Asuras, Dämonen wurden die Ahuras, Götter. Das ging einher mit einer Lautverschiebung zwischen indischer und iranischer Sprachgruppe.

Allerdings ist der Mensch nicht wie bei Tolkien absolut gut oder böse, sondern wie Gollum ein Zwitter, der erst am Ende der Zeiten erlöst wird. Z. ist also der Erfinder der Gewissensfreiheit.

Und eben das, die Monomoral, betreibt Tolkien: Es ist eine Art, den Gegner in unfairem Kampf zum absolut Bösen zu erklären, mit allen Mitteln der Propaganda und der Wissenschaft, bis hin zur biologistischen Rassenkunde. Tolkien, du hast ausgesorgt. Im Kampf zwischen Licht und Finsternis hat das Gute gesiegt - in Hollywood.

Zum Schluss ein weiteres Problem der Umkehrung des historischen Prinzips, der empirischen Methode und der Traditionen: T. hat in seinen Epen die Elben der Mythen, die ja Geistwesen der Anderwelt waren, zu Wesen aus Fleisch und Blut gemacht, zu einer anderen Rasse. T. hat die ahistorische Anderwelt in eine protohistorische Epoche projiziert. Das wäre als eine biologistische Mythologie einzustufen.
Dieses Problem soll hier aber nicht Thema sein.

Konsequenzen der Psychophysik für die Moraltheorie

Kritik: Trotz der Entwicklungen auf dem Gebiet der Psychophysik ist die Moral und Ethik zur Zeit eher rückläufig - man will zurück zu - formal: absoluten Normen und - inhaltlich: zu archaischen Werten. Das ist eine Lücke im System der Moderne. Die Moral und Ethik muss nachziehen, mit der psychophysischen Entwicklung auf einen Stand gebracht werden. Die Inhalte der Normen entwickeln sich autodynamisch, sind nicht absolut vorhersehbar. Gelten, je nach Stand der jeweiligen Phase des Kollektiv- Bewusstseins.

Konsequenzen der Psychophysik für die
Moraltheorie

Quintessenz:

- Legitimation der Moral : Existenz des etre supreme, der Teilnehmer der Moral, der Naturgesetze
- Die Willensfreiheit
- Erweiterte Definition von IST/GUT/SOLL/der Kausalität
- Bewusstsein und Selbstachtung als Prinzip
- Raumzeit-Kontinuum als Illusion
- Axiome aus der Physik - erweiterte Naturgesetze
- Status des polydimensionalen Multiversums für die Moral: Parallelwelten, Dimensionen, Zeitstränge
- Moral-Sätze sind nicht fest, sondern fallen je nach Axiom aus: Je nach psycho-physikalischen Bedingungen.
- So auch die Definition von IST und GUT.
- Die Willensfreiheit steht zwischen den Polen Unbestimmtheit & Freier Wille bzw. Bestimmtheit & Determinismus.
- Die Legitimation der Moral hängt von der Existenz der Teilnehmer am psychophysischen Gesamtkontinuum ab.
- Abhängig von: Teilnehmer-Bewusstsein, Parallelwelten, früheren und künftigen Bewusstseinsstufen.
- Das Etre Supreme wird definiert aus der Einsheit in der Vielheit des Multiversums.

Kausalität: Variiert je nach Abhängigkeit von künftigen, vergangenen oder parallelen Ereignissen. Sowie vom Bewusstseinsstand der Teilnehmer.

Bewusstsein: Relativität von allem bewirkt, dass die Form und der Inhalt der Moral vom Bewusstsein abhängt. Nach dem Prinzip der Selbst- und Fremdachtung, da Bewusstsein in allem ist.

Telepathie: Moralsätze werden nicht nur durch Konvention und Motivation, durch Sprache und Norm gesetzt, durch Legitimation aus positiver oder natürlicher Setzung, sondern durch Subschichten, die telepathisch tradiert werden.

Das Ich: Ein holographisches Abbild des einen. Daraus folgt die Selbstachtung des Ichs als Prinzip sowie des einen. Jeder sei sein Gottesfunke.

Parallelwelten/Synchronizität: Die sog. Nachhaltigkeit der Umwelt gegenüber wird erweitert auf N. allen potentiellen Parallel-Ereignissen gegenüber. Das impliziert einen Bewusstseinsstand der Selbstachtung.

Das eine: Da alles, Materie, Energie und Gravitation auf eine Wurzel, das eine, den Äther zurückgeht, ist auch die Abstraktion der Normen eine Form des einen.

Eine Ethik der Psychophysik muss auch Rechenschaft ziehen aus der Tatsache der Telepathie: T.-Subschichten der Moral müssen explizit und definitiv thematisiert werden.

Die Telepathie darf nicht länger über Primitv-Signale ablaufen. Es muss ein Modus gefunden werden, über telepathische Nachrichten, Erfahrungen, Werte zu kommunizieren. Sie muss thematisiert werden. Die in der Moderne übliche Schikanepraxis ist primitiv und faschistoid.

Die Willensfreiheit, das freie Spiel der Kräfte, sowie die Selbst- und Fremdachtung müssen als ethische Prinzipien gelten: - Handle gemessen an den Massstäben, die sich ergeben aus den Fakten des eigenen Willens-Entschlusses zu einer Moral, der Setzungen der anderen betroffenen Teilnehmer und der Bedingungen der Realitäts-Ebenen. Alles ist Spiel und Kampf von freien oder gebundenen Willens- und Entschlussträgern, Bewusstseinseinheiten. Also ist der Kampf um den Entschluss im freien Spiel der Kräfte das normativ relevante.

Coincidentia Oppositorum: Antinomien, die Komplemente bilden, wie das Sein und das Werden, das Alles und das Nichts, das Absolute und das Relative, die Freiheit und die Bestimmtheit - diese Oppositionen bilden das eine. Es zum Ziel zu setzen, ist wesentlicher Moralgrundsatz. Das Streben der Einheiten nach dem einen, woraus sie kommen, wohin sie zurückkehren:
Hen diapheron heauto.

Roland Klotz 2o12